Sehen · Staunen · Wissen

SKELETTE

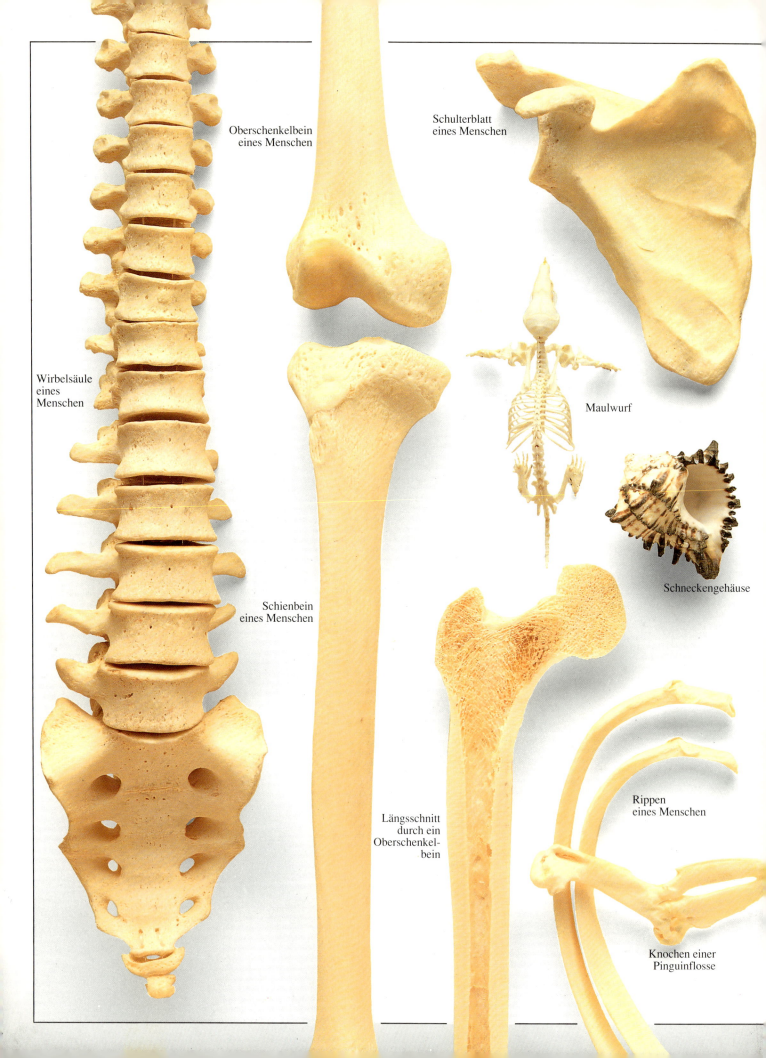

Backen-
zähne
eines
Menschen

Sternschnecke

Sehen · Staunen · Wissen

SKELETTE

Architektonische Meisterleistungen der Natur
Entstehung, Vielfalt, Funktion

Text von
Steve Parker

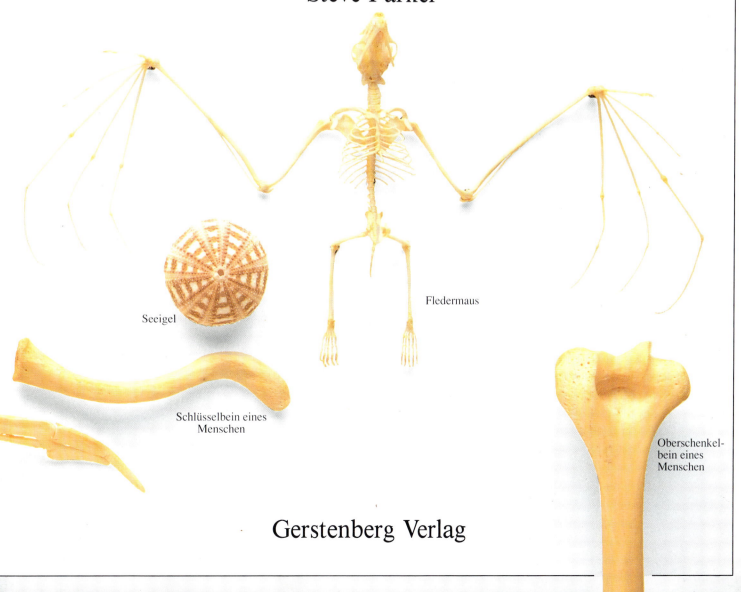

Seeigel

Fledermaus

Schlüsselbein eines
Menschen

Oberschenkel-
bein eines
Menschen

Gerstenberg Verlag

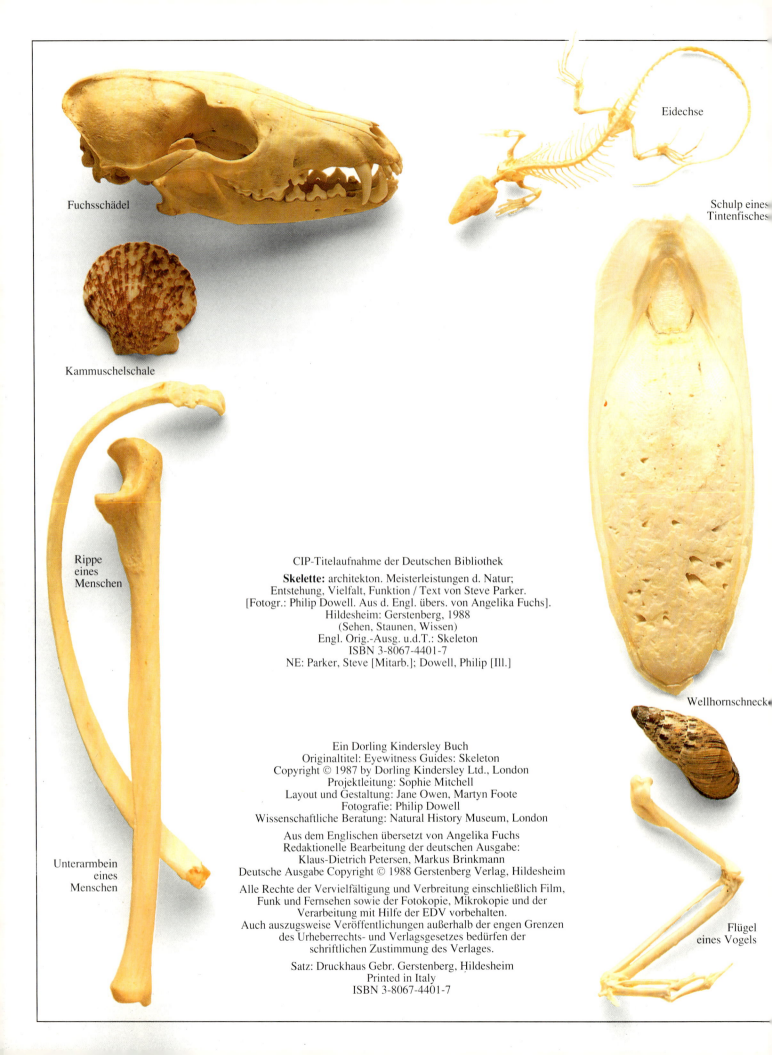

Fuchsschädel

Eidechse

Schulp eines Tintenfisches

Kammuschelschale

Rippe eines Menschen

CIP-Titelaufnahme der Deutschen Bibliothek

Skelette: architekton. Meisterleistungen d. Natur;
Entstehung, Vielfalt, Funktion / Text von Steve Parker.
[Fotogr.: Philip Dowell. Aus d. Engl. übers. von Angelika Fuchs].
Hildesheim: Gerstenberg, 1988
(Sehen, Staunen, Wissen)
Engl. Orig.-Ausg. u.d.T.: Skeleton
ISBN 3-8067-4401-7
NE: Parker, Steve [Mitarb.]; Dowell, Philip [Ill.]

Wellhornschnecke

Ein Dorling Kindersley Buch
Originaltitel: Eyewitness Guides: Skeleton
Copyright © 1987 by Dorling Kindersley Ltd., London
Projektleitung: Sophie Mitchell
Layout und Gestaltung: Jane Owen, Martyn Foote
Fotografie: Philip Dowell
Wissenschaftliche Beratung: Natural History Museum, London

Aus dem Englischen übersetzt von Angelika Fuchs
Redaktionelle Bearbeitung der deutschen Ausgabe:
Klaus-Dietrich Petersen, Markus Brinkmann
Deutsche Ausgabe Copyright © 1988 Gerstenberg Verlag, Hildesheim

Alle Rechte der Vervielfältigung und Verbreitung einschließlich Film,
Funk und Fernsehen sowie der Fotokopie, Mikrokopie und der
Verarbeitung mit Hilfe der EDV vorbehalten.
Auch auszugsweise Veröffentlichungen außerhalb der engen Grenzen
des Urheberrechts- und Verlagsgesetzes bedürfen der
schriftlichen Zustimmung des Verlages.

Unterarmbein eines Menschen

Satz: Druckhaus Gebr. Gerstenberg, Hildesheim
Printed in Italy
ISBN 3-8067-4401-7

Flügel eines Vogels

Inhalt

Krähenschädel

Papageienschädel

Skelett des Menschen
6

Aus Bein wird Stein
12

Säugetiere
14

Vögel
18

Fische, Amphibien und Reptilien
20

Schalen und Panzer
22

Schädel und Gebiß
26

Die Schädelknochen
des Menschen
28

Tierschädel
30

Die Sinne der Tiere
32

Gebiß und Nahrung
34

Tierzähne
36

Wirbelsäule des Menschen
38

Wirbelsäulen bei Tieren
40

Brustkorb
42

Beckengürtel des Menschen
44

Beckengürtel bei Tieren
46

Arme und Hände des Menschen
48

Arme, Flügel, Flossen
50

Schulterblätter bei Tieren
52

Beine und Füße des Menschen
54

Beine und Läufe
56

Die größten und die kleinsten
58

Der Knochen lebt
60

Knochennamen
62

Bildnachweis
64

Skelett des Menschen

Rund 200 Knochen hat der Mensch. Sinnreich angeordnet, durch Knorpel und Gelenke miteinander verbunden, bilden sie das Gerüst für den Gesamtorganismus: das Skelett. Es schützt und stützt den Körper und ermöglicht seine Bewegungen. Ohne das Skelett würde der Mensch in sich zusammensacken und als unförmige Masse am Boden liegen. Mit Hilfe der Knochen, die durch Muskeln bewegt werden, kann der Mensch stehen, gehen, greifen, ziehen, schieben und tragen; einen Apfel vom Baum pflücken oder sich mit hoher Geschwindigkeit fortbewegen. Das Skelett schützt aber auch empfindliche und lebenswichtige Organe des Menschen: im Schädel befindet sich das Gehirn, unter den Rippen das Herz und die Lungen des Menschen. In seinem Grundaufbau ist das menschliche Skelett vergleichbar mit den Knochengerüsten aller 40 000 Wirbeltierarten, die es auf der Welt gibt. Bei aller Gemeinsamkeit jedoch hat das Skelett jeder Tierart seine besonderen Ausprägungen.

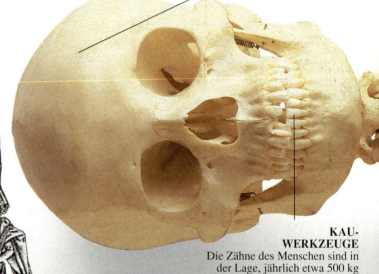

GROSSER KOPF
Der Schädel des Menschen beherbergt im Verhältnis zur Körpergröße eines der größten Gehirne aller Organismen.

KAU-WERKZEUGE
Die Zähne des Menschen sind in der Lage, jährlich etwa 500 kg Nahrungsmittel zu zerkauen (s. S. 27).

ALTE DARSTELLUNG
Medizinische Fachbücher des 18. und 19. Jahrhunderts zeigen schon detaillierte Darstellungen des Skeletts.

ANATOMIEVORLESUNG (unten)
Ein mittelalterlicher Hörsaal mit menschlichen und tierischen Skeletten.

MEDIZIN IM MITTELALTER
Ein Chirurg erklärt seinem Schüler den Brustkorb (im 15. Jahrhundert).

SCHÄDELMESSUNG
Das Craniometer, ein Gerät, mit dem man die Schädelgröße messen und damit auf die Größe des Gehirns schließen kann.

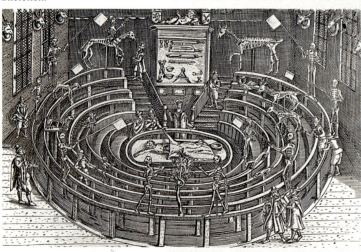

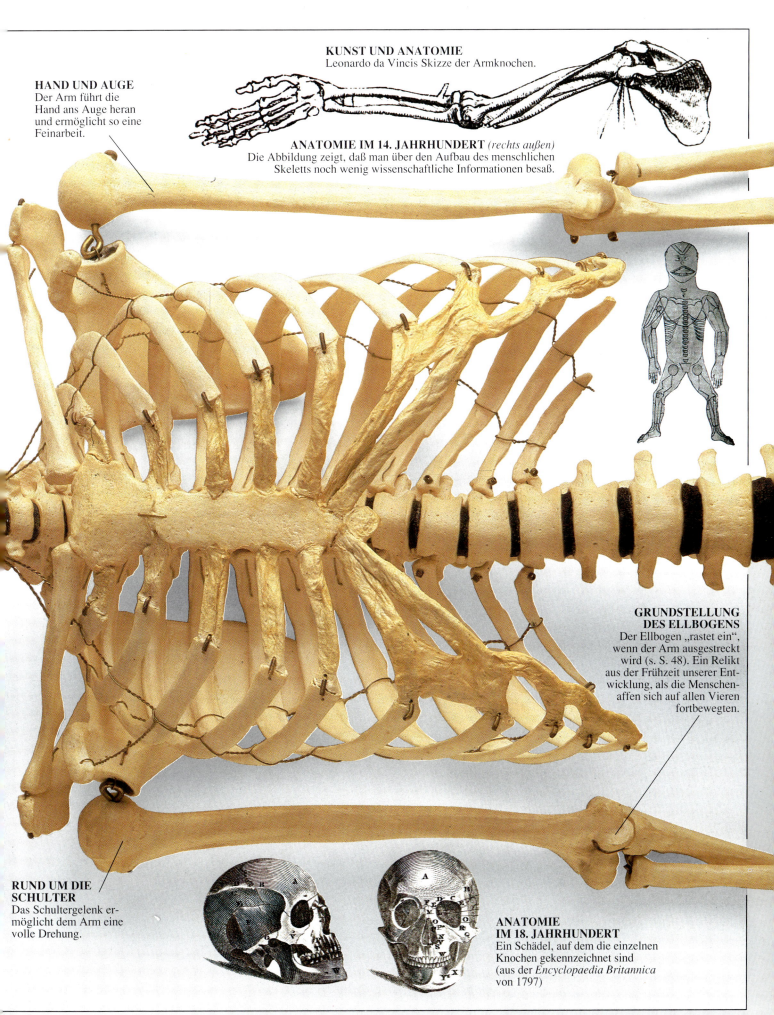

KUNST UND ANATOMIE
Leonardo da Vincis Skizze der Armknochen.

HAND UND AUGE
Der Arm führt die Hand ans Auge heran und ermöglicht so eine Feinarbeit.

ANATOMIE IM 14. JAHRHUNDERT *(rechts außen)*
Die Abbildung zeigt, daß man über den Aufbau des menschlichen Skeletts noch wenig wissenschaftliche Informationen besaß.

GRUNDSTELLUNG DES ELLBOGENS
Der Ellbogen „rastet ein", wenn der Arm ausgestreckt wird (s. S. 48). Ein Relikt aus der Frühzeit unserer Entwicklung, als die Menschenaffen sich auf allen Vieren fortbewegten.

RUND UM DIE SCHULTER
Das Schultergelenk ermöglicht dem Arm eine volle Drehung.

ANATOMIE IM 18. JAHRHUNDERT
Ein Schädel, auf dem die einzelnen Knochen gekennzeichnet sind (aus der *Encyclopaedia Britannica* von 1797)

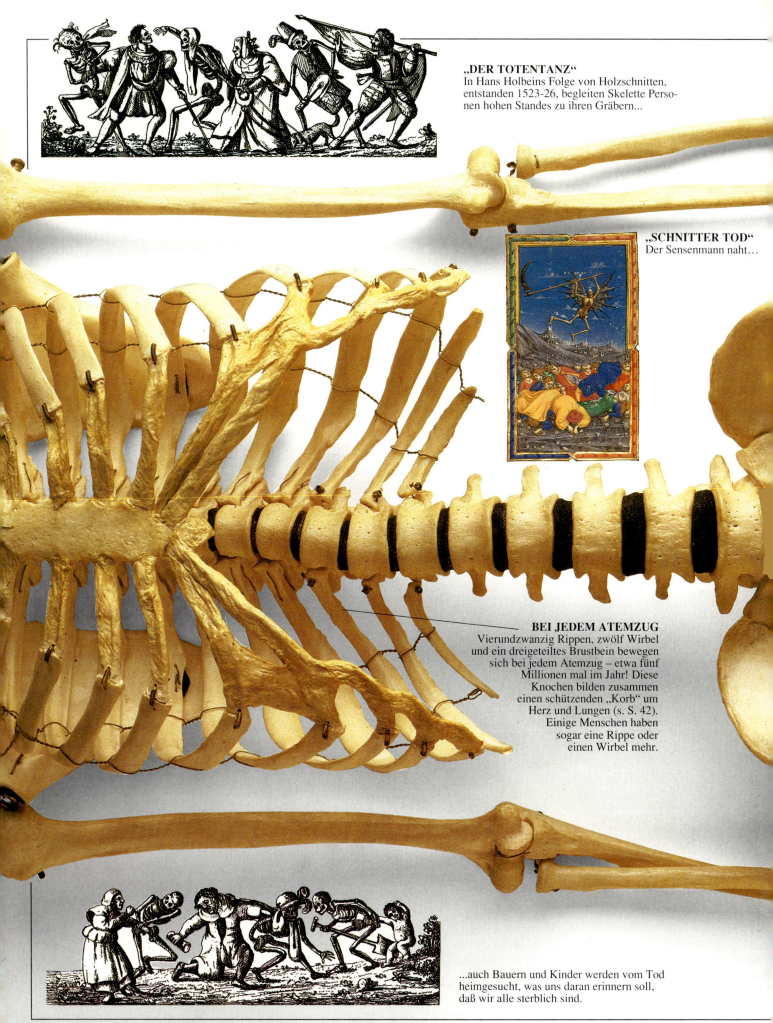

„DER TOTENTANZ"
In Hans Holbeins Folge von Holzschnitten, entstanden 1523-26, begleiten Skelette Personen hohen Standes zu ihren Gräbern...

„SCHNITTER TOD"
Der Sensenmann naht...

BEI JEDEM ATEMZUG
Vierundzwanzig Rippen, zwölf Wirbel und ein dreigeteiltes Brustbein bewegen sich bei jedem Atemzug – etwa fünf Millionen mal im Jahr! Diese Knochen bilden zusammen einen schützenden „Korb" um Herz und Lungen (s. S. 42). Einige Menschen haben sogar eine Rippe oder einen Wirbel mehr.

...auch Bauern und Kinder werden vom Tod heimgesucht, was uns daran erinnern soll, daß wir alle sterblich sind.

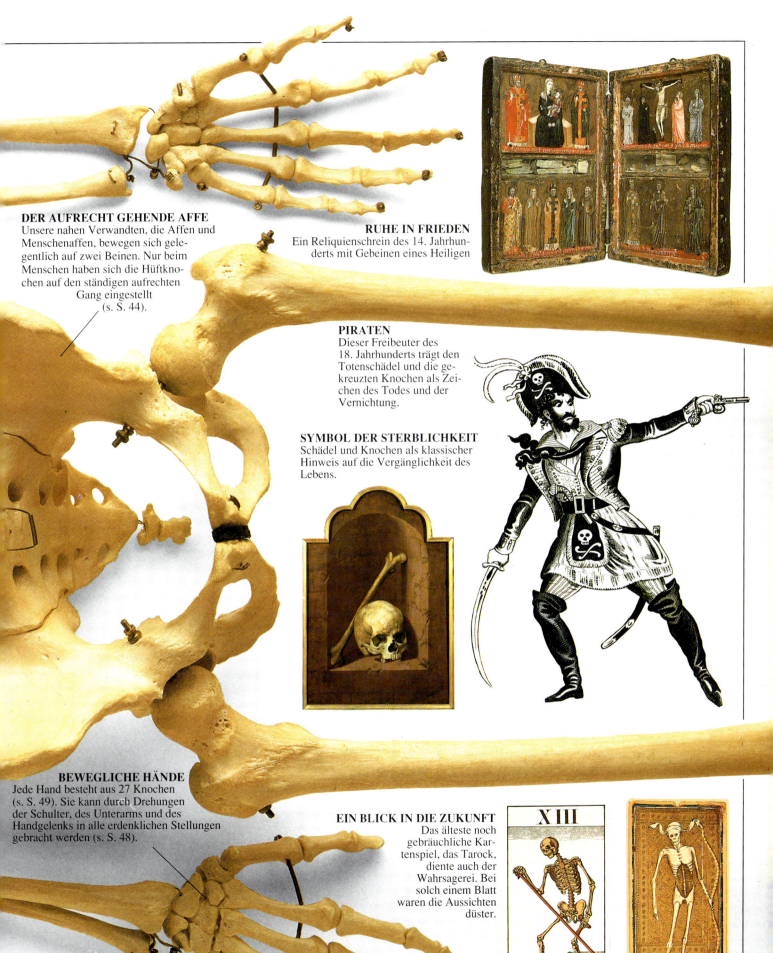

DER AUFRECHT GEHENDE AFFE
Unsere nahen Verwandten, die Affen und Menschenaffen, bewegen sich gelegentlich auf zwei Beinen. Nur beim Menschen haben sich die Hüftknochen auf den ständigen aufrechten Gang eingestellt (s. S. 44).

RUHE IN FRIEDEN
Ein Reliquienschrein des 14. Jahrhunderts mit Gebeinen eines Heiligen

PIRATEN
Dieser Freibeuter des 18. Jahrhunderts trägt den Totenschädel und die gekreuzten Knochen als Zeichen des Todes und der Vernichtung.

SYMBOL DER STERBLICHKEIT
Schädel und Knochen als klassischer Hinweis auf die Vergänglichkeit des Lebens.

BEWEGLICHE HÄNDE
Jede Hand besteht aus 27 Knochen (s. S. 49). Sie kann durch Drehungen der Schulter, des Unterarms und des Handgelenks in alle erdenklichen Stellungen gebracht werden (s. S. 48).

EIN BLICK IN DIE ZUKUNFT
Das älteste noch gebräuchliche Kartenspiel, das Tarock, diente auch der Wahrsagerei. Bei solch einem Blatt waren die Aussichten düster.

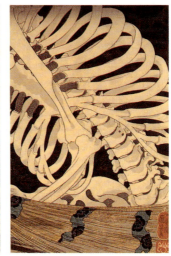

MAGIE DES OSTENS
Auf dieser Abbildung von Kuniyoshi wünscht die japanische Zauberin Mitsukuni ein riesiges Skelett herbei, um ihre Feinde in die Flucht zu schlagen.

DIE LÄNGSTEN KNOCHEN
Die Knochen der Beine sind die längsten im menschlichen Körper (s. S. 54). Sie sind so geformt, daß sie am unteren Ende, an den Knöcheln und Knien zusammenstoßen, obwohl sie oben, an der Hüfte einen Abstand von 30 cm und mehr aufweisen.

KÜNSTLER-TRICK
Hans Holbeins Gemälde *Die Botschafter* (1533) zeigt den Reichtum am Hofe Heinrichs VIII. von England.

DIE ZEIT VERGEHT
Silberner Schädel mit Uhrwerk, entstanden um 1620 in Deutschland.

Der bizarr anmutende Gegenstand im Vordergrund ist ein verzerrt dargestellter Schädel, den man besser erkennt, hält man sich die Abbildung diagonal vor Augen.

Vergrößerung des Schädels, der auf dem rechten Bild abgebildet ist.

DAS KNIE
Das Knie ist das größte Gelenk des Körpers (s. S. 54). Es trägt immerhin das halbe Körpergewicht und läßt sich nur in eine Richtung beugen (Scharniergelenk).

ARMER YORICK
Shakespeares Hamlet sinniert über dem Schädel des dänischen Hofnarren Yorick: „Einst hatte dieser Schädel eine Zunge und konnte singen…"

SCHÄDELTASSE
Die Lamas in Tibet benutzen bei ihren Zeremonien solche Gefäße aus menschlichen Schädeldecken; sie wollen damit zum Ausdruck bringen, daß man den Geist eines anderen sich einverleiben kann.

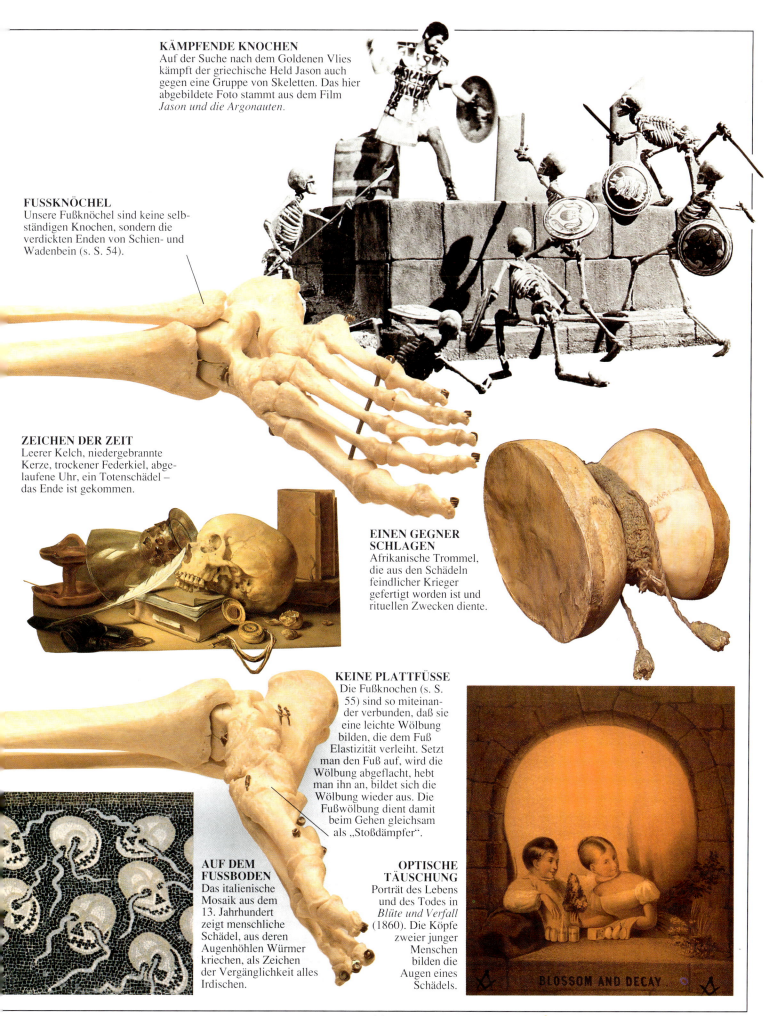

KÄMPFENDE KNOCHEN
Auf der Suche nach dem Goldenen Vlies kämpft der griechische Held Jason auch gegen eine Gruppe von Skeletten. Das hier abgebildete Foto stammt aus dem Film *Jason und die Argonauten*.

FUSSKNÖCHEL
Unsere Fußknöchel sind keine selbständigen Knochen, sondern die verdickten Enden von Schien- und Wadenbein (s. S. 54).

ZEICHEN DER ZEIT
Leerer Kelch, niedergebrannte Kerze, trockener Federkiel, abgelaufene Uhr, ein Totenschädel – das Ende ist gekommen.

EINEN GEGNER SCHLAGEN
Afrikanische Trommel, die aus den Schädeln feindlicher Krieger gefertigt worden ist und rituellen Zwecken diente.

KEINE PLATTFÜSSE
Die Fußknochen (s. S. 55) sind so miteinander verbunden, daß sie eine leichte Wölbung bilden, die dem Fuß Elastizität verleiht. Setzt man den Fuß auf, wird die Wölbung abgeflacht, hebt man ihn an, bildet sich die Wölbung wieder aus. Die Fußwölbung dient damit beim Gehen gleichsam als „Stoßdämpfer".

AUF DEM FUSSBODEN
Das italienische Mosaik aus dem 13. Jahrhundert zeigt menschliche Schädel, aus deren Augenhöhlen Würmer kriechen, als Zeichen der Vergänglichkeit alles Irdischen.

OPTISCHE TÄUSCHUNG
Porträt des Lebens und des Todes in *Blüte und Verfall* (1860). Die Köpfe zweier junger Menschen bilden die Augen eines Schädels.

Aus Bein wird Stein

Die meisten Skelette sind ihrer Funktion entsprechend hart und haltbar. Aus diesem Grund bilden sie auch ausgezeichnete Fossilien. Während die Überreste abgestorbener Pflanzen oder Tiere normalerweise gefressen werden oder verfaulen und zerfallen, sinken die härteren Teile davon wie Schalen, Zähne oder Knochen beispielsweise auf den Boden des Meeres, Teiches oder Flusses herab und werden dort schnell von Sand und Schlamm zugedeckt. Solche Ablagerungen verdichten sich im Laufe von Jahrmillionen zu Gestein. Aus den Knochen werden Versteinerungen, Fossilien. Den größten Teil unseres Wissens über die Erdgeschichte verdanken wir solchen Fossilien. Sie bezeugen das Vorhandensein organischer Zellen vor 3 Milliarden Jahren ebenso wie die Existenz unserer menschlichen Vorfahren vor einigen Jahrmillionen.

Hoplopteryx

FOSSILER FISCH
(oben) Dieser Fisch, Hoplopteryx genannt, ist ein Verwandter des heutigen Stachelfisches. Hoplopteryx lebte vor 80 Millionen Jahren.

DIE FORM BLEIBT UNVERÄNDERT
Die Kammuschel, eine Verwandte der Herzmuscheln (s. S. 25), sieht heute noch fast so aus wie vor 180 Millionen Jahren, zur Jura-Zeit.

Kammuschel

KNOCHEN EINES DINOSAURIERS
Hunderte fossiler Knochen des Iguanodon sind gefunden worden. Dieser pflanzenfressende Dinosaurier war 5m hoch. Der hier abgebildete Beinknochen und der Schwanzwirbel sind 135 Millionen Jahre alt.

Iguanodon

Trilobit

Fossilien winziger Muscheln

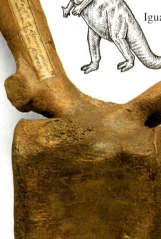

FRIEDHOF AUF DEM MEERESBODEN
Weltweit sind Tausende von Schalen längst ausgestorbener Dreilappkrebse *(Trilobiten)* gefunden worden. Sie lebten vor 420 Millionen Jahren. Eine Vielzahl anderer Lebewesen blieb ebenfalls im Kalkstein versteinert erhalten.

Kalkstein mit Fossilien

Schwanzwirbel eines Dinosauriers

Fibula oder Wadenbein

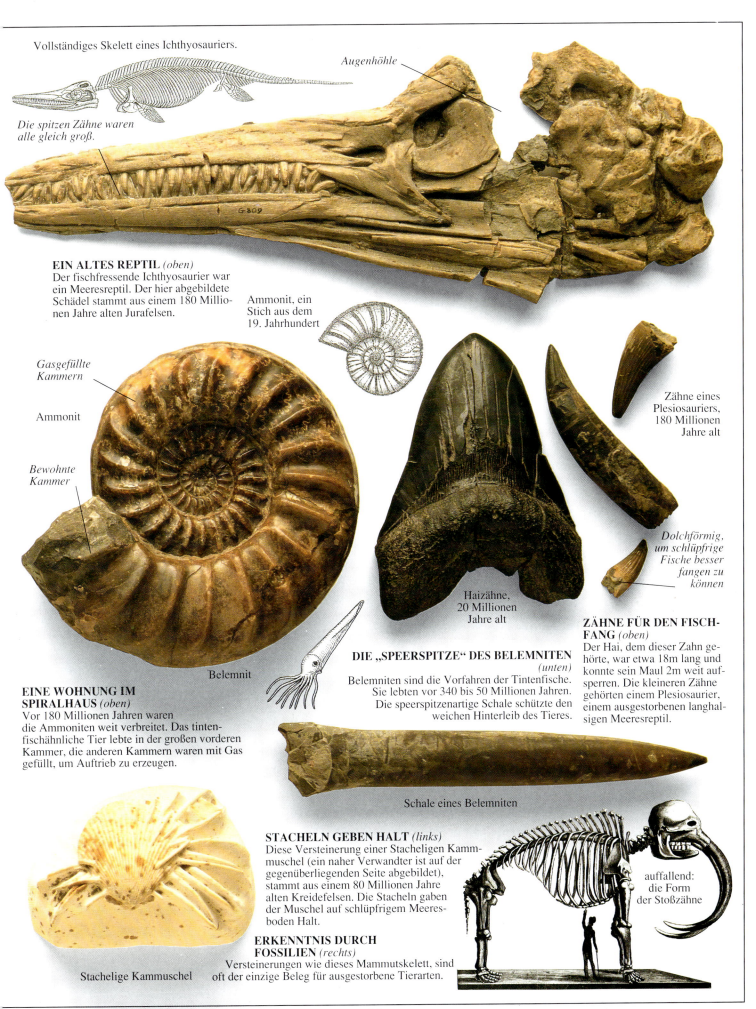

Säugetiere

Säuger wie Hunde, Katzen, Affen und wir Menschen verfügen prinzipiell über das gleiche Skelett. Die Wirbelsäule gibt dem Körper Halt, sie ist biegsam und dient zugleich als Stütze. Der Schädel beherbergt und schützt das Gehirn und die empfindlichen Sinnesorgane zum Sehen, Hören, Riechen und Schmecken. Die Rippen schützen Herz und Lungen. Auch die Gliedmaßen stimmen im Prinzip überein: sie sind jeweils durch einen flachen, breiten Knochen mit der Wirbelsäule verbunden; dann folgt ein längerer oberer Knochen und zwei dünnere untere (Oberarm/Oberschenkel bzw. Unterarm/Unterschenkel), gefolgt vom Hand- bzw. Fußgelenk und fünf Fingern bzw. Zehen. Auf den nächsten vier Seiten sind unterschiedliche Säugetierskelette abgebildet: jede Art hat diesen Grundbauplan entsprechend ihrer Umweltbedingungen und ihrer Lebensweise abgewandelt, doch trotz der vielfältigen Unterschiede stimmt der Skelettbau bei allen Säugern im wesentlichen überein.

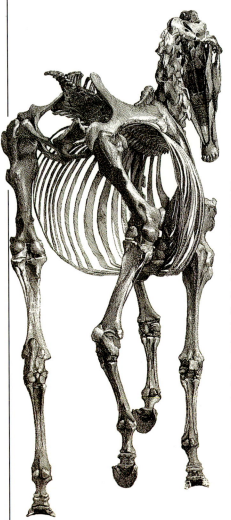

Viele der größeren Säugetiere, wie das hier abgebildete Mammut, sind ausgestorben.

FACHWISSEN
George Stubbs, Tiermaler im 18. Jahrhundert, verbrachte zwei Jahre damit, die Anatomie des Pferdes zu studieren. Hier ist eines seiner Bilder, das ein Pferdeskelett zeigt. Es entstand im Jahre 1766.

Wirbelsäule

Hüftknochen (Vorderrand des Beckens)

Brustkorb

Skelett eines Dachses

Schwanzwirbel

Die hinteren Gliedmaßen stehen in spitzem Winkel zur Wirbelsäule und verleihen dem Dachs seine typische Statur.

GRABEFREUDIGER DACHS
Der gedrungene, kräftige Dachs ist nicht gerade für seine Wendigkeit bekannt. Seine kräftigen Beine, starken Füße und langen Krallen benutzt er zum Graben von Gängen und zum Ausgraben kleinerer Tiere, die ihm als Nahrung dienen. Obwohl er das Gebiß eines Fleischfressers hat, frißt er auch Beeren und Blätter (s. S. 36).

Krallen an den Zehen erleichtern das Graben

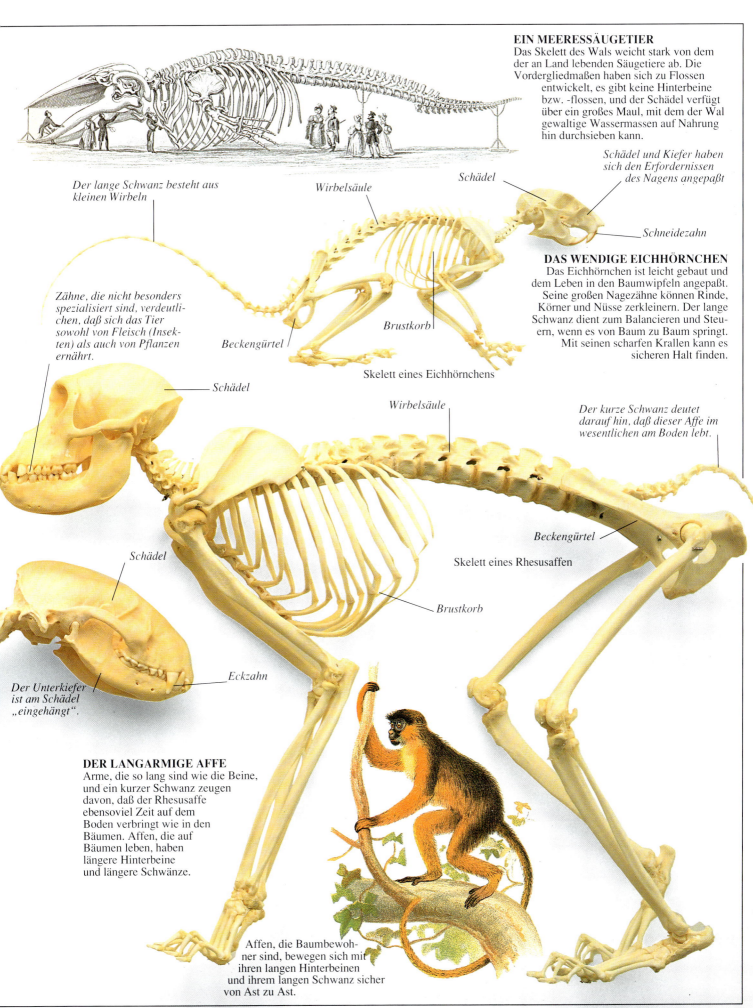

EIN MEERESSÄUGETIER
Das Skelett des Wals weicht stark von dem der an Land lebenden Säugetiere ab. Die Vordergliedmaßen haben sich zu Flossen entwickelt, es gibt keine Hinterbeine bzw. -flossen, und der Schädel verfügt über ein großes Maul, mit dem der Wal gewaltige Wassermassen auf Nahrung hin durchsieben kann.

Schädel und Kiefer haben sich den Erfordernissen des Nagens angepaßt

Schädel

Schneidezahn

Der lange Schwanz besteht aus kleinen Wirbeln

Wirbelsäule

DAS WENDIGE EICHHÖRNCHEN
Das Eichhörnchen ist leicht gebaut und dem Leben in den Baumwipfeln angepaßt. Seine großen Nagezähne können Rinde, Körner und Nüsse zerkleinern. Der lange Schwanz dient zum Balancieren und Steuern, wenn es von Baum zu Baum springt. Mit seinen scharfen Krallen kann es sicheren Halt finden.

Zähne, die nicht besonders spezialisiert sind, verdeutlichen, daß sich das Tier sowohl von Fleisch (Insekten) als auch von Pflanzen ernährt.

Brustkorb

Beckengürtel

Skelett eines Eichhörnchens

Schädel

Wirbelsäule

Der kurze Schwanz deutet darauf hin, daß dieser Affe im wesentlichen am Boden lebt.

Beckengürtel

Skelett eines Rhesusaffen

Schädel

Brustkorb

Eckzahn

Der Unterkiefer ist am Schädel „eingehängt".

DER LANGARMIGE AFFE
Arme, die so lang sind wie die Beine, und ein kurzer Schwanz zeugen davon, daß der Rhesusaffe ebensoviel Zeit auf dem Boden verbringt wie in den Bäumen. Affen, die auf Bäumen leben, haben längere Hinterbeine und längere Schwänze.

Affen, die Baumbewohner sind, bewegen sich mit ihren langen Hinterbeinen und ihrem langen Schwanz sicher von Ast zu Ast.

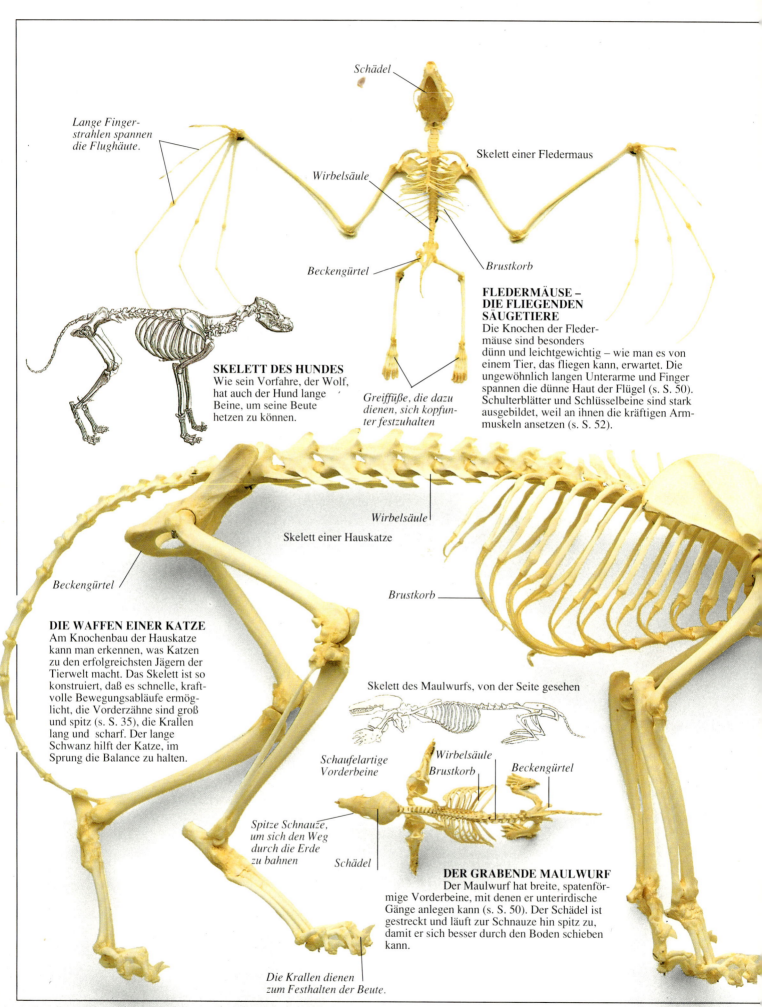

Schädel

Lange Fingerstrahlen spannen die Flughäute.

Skelett einer Fledermaus

Wirbelsäule

Beckengürtel

Brustkorb

FLEDERMÄUSE – DIE FLIEGENDEN SÄUGETIERE
Die Knochen der Fledermäuse sind besonders dünn und leichtgewichtig – wie man es von einem Tier, das fliegen kann, erwartet. Die ungewöhnlich langen Unterarme und Finger spannen die dünne Haut der Flügel (s. S. 50). Schulterblätter und Schlüsselbeine sind stark ausgebildet, weil an ihnen die kräftigen Armmuskeln ansetzen (s. S. 52).

SKELETT DES HUNDES
Wie sein Vorfahre, der Wolf, hat auch der Hund lange Beine, um seine Beute hetzen zu können.

Greiffüße, die dazu dienen, sich kopfunter festzuhalten

Wirbelsäule

Skelett einer Hauskatze

Beckengürtel

Brustkorb

DIE WAFFEN EINER KATZE
Am Knochenbau der Hauskatze kann man erkennen, was Katzen zu den erfolgreichsten Jägern der Tierwelt macht. Das Skelett ist so konstruiert, daß es schnelle, kraftvolle Bewegungsabläufe ermöglicht, die Vorderzähne sind groß und spitz (s. S. 35), die Krallen lang und scharf. Der lange Schwanz hilft der Katze, im Sprung die Balance zu halten.

Skelett des Maulwurfs, von der Seite gesehen

Schaufelartige Vorderbeine

Wirbelsäule

Brustkorb

Beckengürtel

Spitze Schnauze, um sich den Weg durch die Erde zu bahnen

Schädel

DER GRABENDE MAULWURF
Der Maulwurf hat breite, spatenförmige Vorderbeine, mit denen er unterirdische Gänge anlegen kann (s. S. 50). Der Schädel ist gestreckt und läuft zur Schnauze hin spitz zu, damit er sich besser durch den Boden schieben kann.

Die Krallen dienen zum Festhalten der Beute.

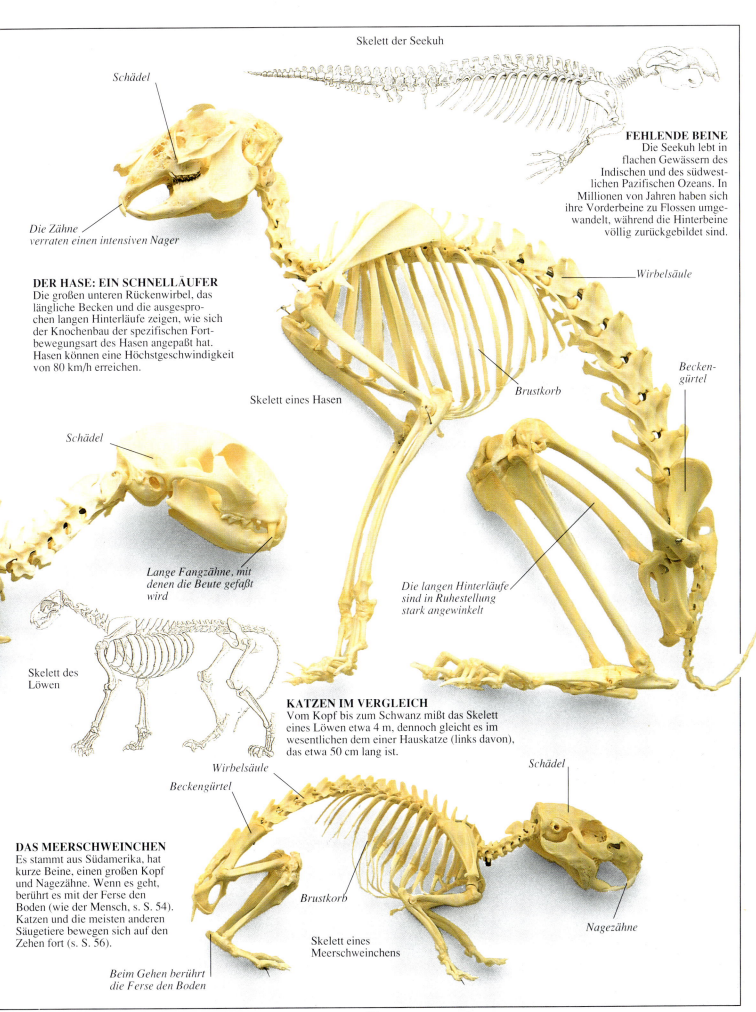

Skelett der Seekuh

Schädel

Die Zähne verraten einen intensiven Nager

FEHLENDE BEINE
Die Seekuh lebt in flachen Gewässern des Indischen und des südwestlichen Pazifischen Ozeans. In Millionen von Jahren haben sich ihre Vorderbeine zu Flossen umgewandelt, während die Hinterbeine völlig zurückgebildet sind.

Wirbelsäule

DER HASE: EIN SCHNELLÄUFER
Die großen unteren Rückenwirbel, das längliche Becken und die ausgesprochen langen Hinterläufe zeigen, wie sich der Knochenbau der spezifischen Fortbewegungsart des Hasen angepaßt hat. Hasen können eine Höchstgeschwindigkeit von 80 km/h erreichen.

Beckengürtel

Skelett eines Hasen

Brustkorb

Schädel

Lange Fangzähne, mit denen die Beute gefaßt wird

Die langen Hinterläufe sind in Ruhestellung stark angewinkelt

Skelett des Löwen

KATZEN IM VERGLEICH
Vom Kopf bis zum Schwanz mißt das Skelett eines Löwen etwa 4 m, dennoch gleicht es im wesentlichen dem einer Hauskatze (links davon), das etwa 50 cm lang ist.

Wirbelsäule

Beckengürtel

Schädel

DAS MEERSCHWEINCHEN
Es stammt aus Südamerika, hat kurze Beine, einen großen Kopf und Nagezähne. Wenn es geht, berührt es mit der Ferse den Boden (wie der Mensch, s. S. 54). Katzen und die meisten anderen Säugetiere bewegen sich auf den Zehen fort (s. S. 56).

Brustkorb

Skelett eines Meerschweinchens

Nagezähne

Beim Gehen berührt die Ferse den Boden

17

Vögel

Die ersten knöchernen Skelette gehörten urtümlichen Fischen und waren in Relation zum Gesamtgewicht sehr schwer. Aber im Laufe der Entwicklungsgeschichte der Lebewesen haben die Knochen ihre Vielseitigkeit unter Beweis gestellt, indem sie immer leichter und dennoch belastbarer wurden und schließlich zwei Gruppen von Flugtieren ermöglichten:

Fledermäuse (die Säugetiere sind, s. S. 16) und Vögel. Vogelknochen sind auf Leichtigkeit und Beweglichkeit hin ausgelegt. Viele sind hohl und gewinnen ihre Stabilität durch stützende Verstrebungen im Innern. Schon früh in ihrer Stammesgeschichte haben die Vögel ihre Zähne verloren – aus Gewichtsgründen. Ihre Aufgabe hat der leichte Schnabel übernommen. Weitere Veränderungen: Am Brustbein entstand ein Kiel, an dem die starken Flügelmuskeln verankert sind, außerdem bildeten sich zwei zusätzliche Knochen heraus, die sogenannten Rabenbeine (s. S. 53), die das Brustbein gegen Schultern und Wirbelsäule drücken.

Schädel
Schnabel
Skelett eines Reihers

DER GLEITENDE REIHER
Der Reiher ist ein Meister des Gleitfluges. Seine Federn bestehen aus Keratin und sind durch Sehnen mit den Flügelknochen verbunden. Muskeln an jedem Federkiel bewegen die Federn.

Reiher

gekrümmter Schnabel
Ansatz der Flugmuskeln
Kiel am Brustbein
Kurzer, kräftiger Brustkorb
Skelett eines Papageis

DIE RIPPEN DES PAPAGEIS
Wie alle Vögel hat auch der Papagei einen sehr kurzen Brustkorb. Er dient dazu, die Mitte des Körpers zu verstärken und dem Zug der Flügelmuskeln standzuhalten.

Oberarmbein (Humerus)
Wirbelsäule und Beckengürtel sind zusammengewachsen.
Oberschenkelbein (Femur)
Aussparungen im Schädel verringern das Gewicht.
Flügelknochen
Kieferknochen

ENTENHALS
Die meisten Vögel haben einen langen, biegsamen Hals, um Kopf und Schnabel in alle Richtungen drehen zu können. Der übrige Teil der Wirbelsäule ist weit weniger biegsam; er läßt nur geringe Bewegungen in der Brust, den Hüften und dem Schwanz zu.

Schnabel
Äußerst bewegliche Halswirbel, um Kopf und Schnabel vielseitig einsetzen zu können.
Beim lebenden Tier ist der Hornschnabel äußerst farbenprächtig

Schwanzwirbel ermöglichen das Bewegen der Schwanzfedern.
Skelett einer Mandarinente
An den Füßen befinden sich (beim lebenden Vogel) die Schwimmhäute.

LÖCHER IM SCHÄDEL DES PAPAGEITAUCHERS
Der Papageitaucher verbringt sehr viel Zeit in der Luft. Deswegen weist sein Schädel, wie der vieler Vogelarten, Hohlräume auf, um Gewicht einzusparen und die Balance besser halten zu können.

Skelett eines Papageitauchers

Der Daumenfittich am ersten Finger dient der Geschwindigkeitsregulierung.

Spule

Federkiel

verstärkende Membran

Schwungfedern befinden sich an der Handwurzel und der Mittelhand.

GEFLÜGEL
Das Huhn, das sich hauptsächlich am Boden aufhält, hat kräftige Beine.

Skelett des Huhns

VORDERANSICHT EINER EULE
Ausgeprägt sind das Brustbein und die Rabenbeine – hier beim Waldkauz –, die Brustbein und Schulterbereich verbinden, (s. S. 53), dünn die zum Gabelbein verschmolzenen Schlüsselbeine, kräftig die Füße mit den scharfen Krallen (s. S. 56).

große Augenhöhle

Schlüsselbein

Rabenschnabelbein

Brustbein

Die Armschwingen setzen an der Elle an.

ausgebreitete Flügel

kräftiger Mehrzweckschnabel

Steuerfedern

schuppige Haut an Beinen und Füßen

Unterschenkel aus kräftigem Schienbein mit verkümmertem Wadenbein

Skelett eines Waldkauzes

Wirbelsäule und Beckengürtel sind zusammengewachsen (Synsacrum).

Schwanzstiel

KRÄHEN
Sie sind Allesfresser, haben einen starken Schnabel und lange Beine. Beim Umhergehen bleibt der Kopf über dem Körper aus Gleichgewichtsgründen. Dies wird durch einen gürtelähnlichen Hüftknochen unterstützt (s. S. 47).

Langer Lauf, aus Fußwurzel- und Mittelfußknochen verschmolzen

Krallen

Skelett einer Krähe

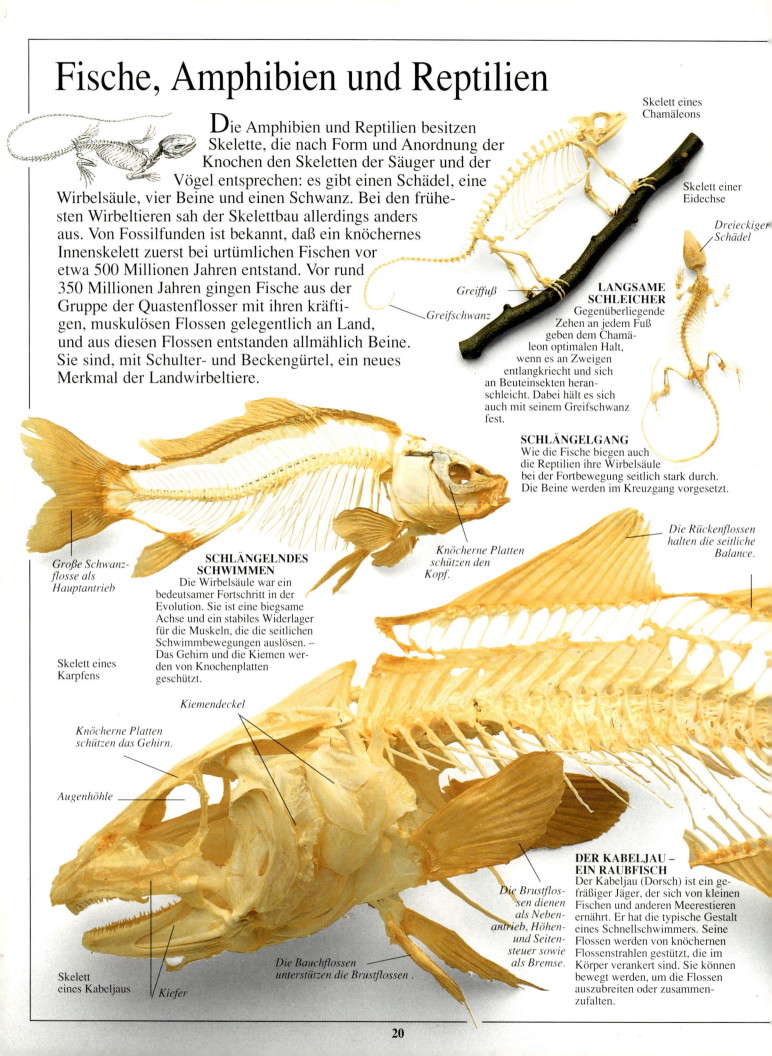

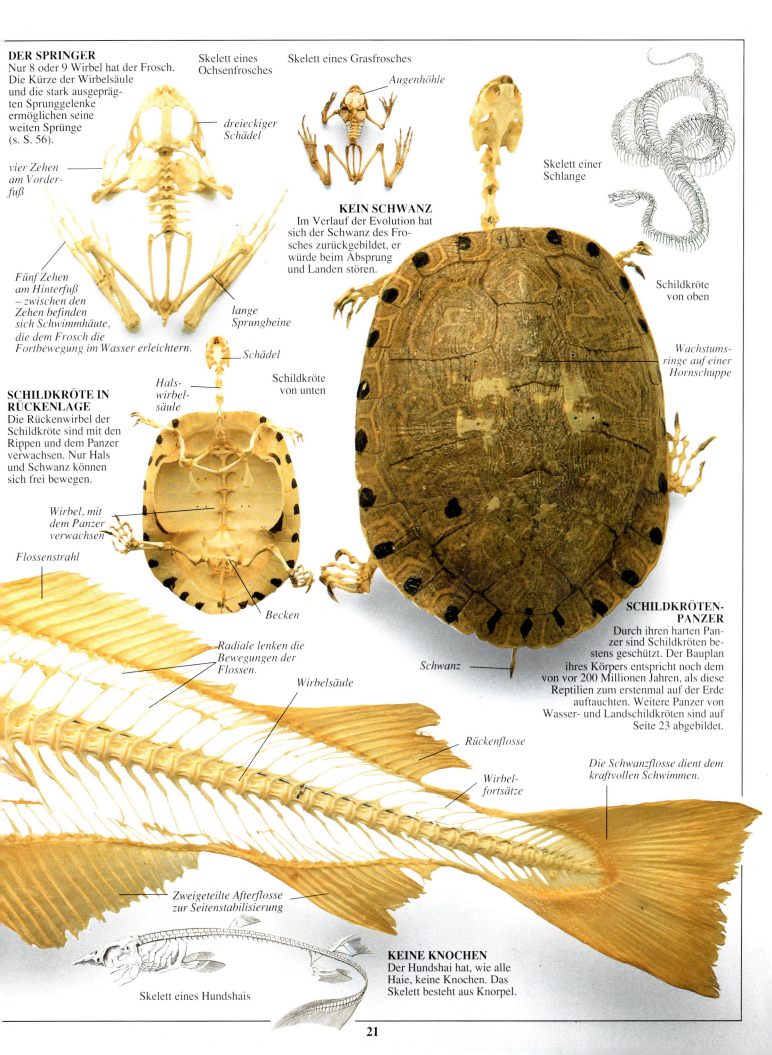

Schalen und Panzer

Die überwiegende Mehrzahl aller Tiere hat ein inneres Knochenskelett. Insekten, Spinnen, Krebstiere und andere Wirbellose besitzen jedoch eine harte äußere Schale, ein Außenskelett. Dieses Außenskelett hat die gleiche Aufgabe wie das Innenskelett: dem Körper Halt zu geben. Außerdem schützt es die inneren Organe. Aber es hat auch Nachteile. Es kann sich nicht ausdehnen. Das Tier kann nur wachsen, wenn es seine Hülle ablegt und eine neue, größere Hülle anlegt. Je größer dieser Panzer ist, desto schwerer und unbeweglicher wird das Tier. Aus diesem Grund sind Tiere mit einem Außenskelett meistens von geringer Körpergröße.

40-fache Vergrößerung

MIKROSKELETTE
In den Ozeanen schwimmen Milliarden von Kieselalgen. Wie die Pflanzen benötigen auch diese Einzeller das Sonnenlicht als Energiequelle. Ihren Körper umgibt eine Schale aus Siliziumoxyd, die sie schützt. Diese Schalen sind schön und vielgestaltig.

BORKENKÄFER
Die Larve dieses rot- und gelbmetallisch schimmernden Käfers bohrt sich unter die Baumrinde.

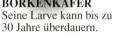

BORKENKÄFER
Seine Larve kann bis zu 30 Jahre überdauern.

BORKENKÄFER
Die Larve dieses grünen Käfers gilt als gefährlicher Schädling des Waldes.

Fühler

BLATTKÄFER
Ein schillerndes grünes Außenskelett dient diesem Blattkäfer als Tarnung.

MISTKÄFER
Dieser Käfer legt für seinen Nachwuchs eine mistgefüllte Höhle als Nahrungsvorrat an.

HIRSCHKÄFER
Das männliche Tier kann seine Kiefer nicht fest schließen, seine Muskeln sind zu schwach.

DUNKELKÄFER
Lange Fühler helfen diesem Käfer bei der Orientierung.

Hinterleib *Brust* *Durchsichtiger Hautflügel*

Kopf

RUNDUM GEPANZERT
Wie andere Insekten sind auch die Käfer durch ein hartes Außenskelett, das aus wasserfestem Chitin besteht, geschützt. Früher waren die Deckflügel einmal ein zweites Flügelpaar, das zu Schutzstrukturen umgewandelt wurde. Der Goliathkäfer ist das schwerste Insekt, er wiegt etwa 100 Gramm.

Deckflügel
Goliathkäfer

Auge

Bein mit Gelenken

ZWEIERLEI FLÜGEL
Unter den harten äußeren Deckflügeln liegen die zarten, durchscheinenden Flügel, die das Fliegen ermöglichen. Die langen Beine haben zahlreiche Gelenke.

Die Beinmuskeln befinden sich im röhrenförmigen Beinskelett.

Tiere mit schalenartigem Außenskelett können im Wasser größer werden als an Land, denn das Wasser trägt das Skelett und macht die Tiere leichter; dennoch bleibt das Problem der Fortbewegung. Krebstiere wie Krabben, Hummer und ihre Verwandten haben eine dünne, flexible Außenhaut an ihren Beingelenken, die das Abknicken der Beinglieder ermöglicht. Wenn Krebse wachsen, müssen sie ihr Außenskelett abstoßen – wie die Insekten. Die Mollusken (Muscheln, Schnecken und andere Weichtiere) besitzen eine Schale (bzw. ein Gehäuse) aus einem harten, kalziumhaltigen Material. Wenn das Weichtier wächst, vergrößert sich auch die Schale.

Hummer

Gemeine Garnele

kleiner Seeigel

ZUM SCHUTZ DEN RÜCKEN KRÜMMEN
Garnele und Hummer gehören zu den Krebstieren. Sie schwimmen, indem sie ihre Beine benutzen und das sehr bewegliche Hinterteil kräftig in Richtung des Bauches schlagen. Wenn sie ihren Rücken krümmen, schützen die Platten ihres Außenskelettes ihre weiche Unterseite und die Beine.

Schlangenstern

Die Arme brechen leicht ab

FÜNF GEPANZERTE ARME
Der Schlangenstern gehört wie der Seeigel und der Seestern zu den „Stachelhäutern" *(Echinodermata)*. Er verfügt über fünf dünne biegsame, schlangenartige Arme, die er auch zum „Rudern" benutzt.

großer Seeigel

EINE STACHELIGE KUGEL *(oben)*
Unter den Stacheln des Seeigels befindet sich eine kugelförmige Kalkschale. Die Oberfläche dieses Panzers ist mit zahlreichen Höckern besetzt, auf denen die Stacheln sitzen. Mit Hilfe der Stacheln kann der Seeigel sich wie auf Stelzen bewegen.

DER STÄRKE WEGEN DREIECKIG
Die Schuppen des Kofferfisches sind verwachsen, mit Knochen verstärkt und bilden so eine natürliche „Rüstung". Der Querschnitt des Körpers ist dreieckig, was seine Stabilität noch erhöht. Bewegen kann der Kofferfisch nur die Seitenflossen.

Knochenplatten

Kofferfisch

Strandkrabbe

Es gibt Krabben in allen erdenklichen Größen und Formen.

Ein Seestern von unten. Die Öffnung in der Mitte der Körperscheibe ist der „Mund".

Seestern

Nautilus

Wendeltreppenschnecke

Kaurischnecken als Zahlungsmittel

Maskenkrabbe

ARME MIT BEINEN
Auf der Unterseite der Arme des Seesterns befinden sich zwei Doppelreihen fadenförmiger Saugfüßchen. Damit bewegt sich das Tier fort. Auf der Oberseite der Arme befinden sich zahlreiche Kalkplättchen, das Skelett. Da die Plättchen verschiebbar sind, ist der Körper trotz der Panzerung sehr beweglich.

Die Furchen auf dem Panzer ähneln einem Gesicht.

GEWUNDEN UND GEKAMMERT
Das Perlboot (Nautilus) hat eine Schale, die wie ein Schneckenhaus spiralig gewunden, aber in zahlreiche Kammern unterteilt ist. Wenn das Tier wächst, bildet es sich eine neue Kammer hinzu.

Schalenöffnung

Herzmuschel

DIE MUSKELN EINER MUSCHEL
Die Herzmuschel gräbt sich gern im Sand ein. Sie hat ein Paar dicke Schalen, die sie schützen. Die beiden Schalenhälften werden von starken Muskeln geöffnet und geschlossen.

Zange

Auge

Das Außenskelett hat viele Gelenke

Spinnen- oder Dreieckskrabbe

Seepferdchen

Greifschwanz

DAS SKELETT WECHSELN
Wenn der alte Panzer zu klein wird, muß der Krebs ihn verlassen. Da die neue, anfangs weiche Hülle das Tier völlig wehrlos macht, verbirgt es sich eine Zeitlang in einer Höhle oder unter einem Stein, bis der neue Panzer hart geworden ist.

Einsiedlerkrebs

BEHAUSUNG AUS ZWEITER HAND
Der Einsiedlerkrebs schützt seinen weichen Hinterleib, indem er in leere Schneckenhäuser kriecht.

KNÖCHERNER AUSSENPANZER
Das Seepferdchen ist tatsächlich ein Fisch, auch wenn es nicht so aussieht. Ein Panzer aus knöchernen Ringen umgibt den Körper. Der Greifschwanz klammert sich an Seegras fest, will das Seepferdchen verweilen.

Schädel und Gebiß

Obwohl es so aussieht, als sei der Kopf dem Körper aufgesetzt, eine „Randerscheinung", funktioniert er in Wahrheit wie dessen Zentrale. Der Schädel birgt das Gehirn, das alle Informationen, die von außen kommen, sammelt, koordiniert und für entsprechende Reaktionen des Körpers sorgt. Die Sinne, die der Wahrnehmung dienen, werden vom Gehirn aus gesteuert. Augen und Innenohren liegen in Vertiefungen des Schädels. Auch die Luft, die den lebenswichtigen Sauerstoff enthält, gelangt durch den Schädel in den Körper, ebenso die Nahrung. Der Geruchs- und der Geschmackssinn überprüfen die Nahrung auf schädliche oder giftige Bestandteile.

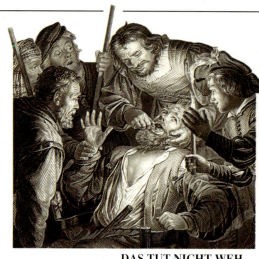

DAS TUT NICHT WEH...
Zähne sind hart, aber auch empfindlich. Der Besuch beim Zahnarzt war früher schmerzhaft.

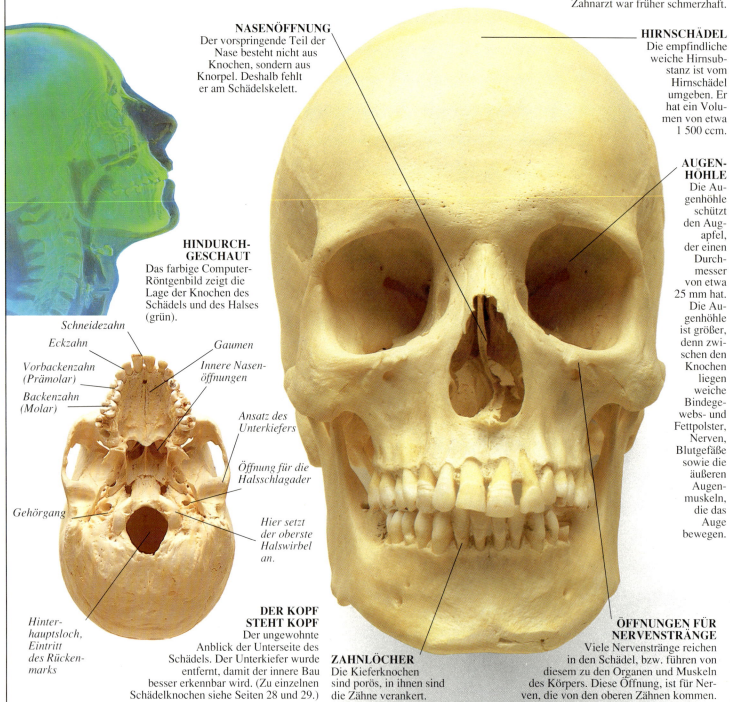

NASENÖFFNUNG
Der vorspringende Teil der Nase besteht nicht aus Knochen, sondern aus Knorpel. Deshalb fehlt er am Schädelskelett.

HIRNSCHÄDEL
Die empfindliche weiche Hirnsubstanz ist vom Hirnschädel umgeben. Er hat ein Volumen von etwa 1 500 ccm.

AUGENHÖHLE
Die Augenhöhle schützt den Augapfel, der einen Durchmesser von etwa 25 mm hat. Die Augenhöhle ist größer, denn zwischen den Knochen liegen weiche Bindegewebs- und Fettpolster, Nerven, Blutgefäße sowie die äußeren Augenmuskeln, die das Auge bewegen.

HINDURCHGESCHAUT
Das farbige Computer-Röntgenbild zeigt die Lage der Knochen des Schädels und des Halses (grün).

Schneidezahn
Eckzahn
Vorbackenzahn (Prämolar)
Backenzahn (Molar)
Gaumen
Innere Nasenöffnungen
Ansatz des Unterkiefers
Öffnung für die Halsschlagader
Gehörgang
Hier setzt der oberste Halswirbel an.
Hinterhauptsloch, Eintritt des Rückenmarks

DER KOPF STEHT KOPF
Der ungewohnte Anblick der Unterseite des Schädels. Der Unterkiefer wurde entfernt, damit der innere Bau besser erkennbar wird. (Zu einzelnen Schädelknochen siehe Seiten 28 und 29.)

ZAHNLÖCHER
Die Kieferknochen sind porös, in ihnen sind die Zähne verankert.

ÖFFNUNGEN FÜR NERVENSTRÄNGE
Viele Nervenstränge reichen in den Schädel, bzw. führen von diesem zu den Organen und Muskeln des Körpers. Diese Öffnung, ist für Nerven, die von den oberen Zähnen kommen.

Die Zähne

Ein ausgewachsener Mensch hat
32 Zähne: im Ober- und Unterkiefer je
vier Schneidezähne vorn, an jeder Seite einen
Eckzahn, jeweils zwei Vorbackenzähne und
drei Backenzähne. Der Zahnschmelz ist die
härteste Substanz des Körpers.

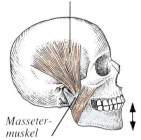

Temporalismuskel

Massetermuskel

Mit den Schneidezähnen beißen wir ab.

Vorbackenzähne und Backenzähne zerkleinern und zermahlen die Nahrung.

Die Eckzähne sind recht klein.

NEUE ZÄHNE *(oben)*
Ein Kind hat lediglich
20 Milchzähne, da seine
Kiefer klein sind. Im Alter
von ungefähr 6 Jahren
fallen sie aus und werden
durch neue ersetzt.

DAS INNERE DES ZAHNS *(rechts)*
Ein Schnitt durch den
Zahn läßt mehrere
Schichten erkennen.
Die äußere besteht aus
einer sehr harten Masse, dem Zahnschmelz.
Darunter befindet sich
das Zahnbein *(Dentin)*,
das die Zahnhöhle
(Pulpa) bildet. Diese
enthält Zahnmark,
Nerven und Blutgefäße.

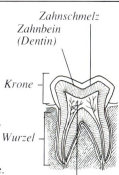

Zahnschmelz
Zahnbein (Dentin)
Krone
Wurzel
Nerven und Blutgefäße in der Zahnhöhle

Röntgenaufnahme
eines Kindergebisses

Milchzähne *Bleibende Zähne wachsen im Kiefer heran.*

GUT KAUEN
Während wir essen, bewegt sich der
Unterkiefer auf und ab, vor und zurück und
seitlich hin und her. Die Zunge, ein großer
Muskel, bewegt die Nahrung
im Mund, während die
Wangenmuskeln
dafür sorgen, daß
die Nahrung
zwischen den
Zähnen
bleibt.

SCHÄDELWÖLBUNG
Die Stirn des Menschen ist stärker gewölbt als
die seiner nahen Verwandten, der Affen.
Hinter ihr verbirgt sich die Großhirnrinde –
jener Teil des Gehirns, dem man die
Intelligenz zuordnet.

MUND ZU
Die breite, flache Seite des
Schädels fungiert als
Befestigungsfläche für das
obere Ende des kräftigen
Temporalismuskels, eines
wichtigen Kaumuskels
(oben links).

BEISSEN UND KAUEN
Das untere Ende des
Temporalismuskels setzt
an diesem Teil des
Unterkiefers an.

INNERER GEHÖRGANG
Von der Ohrmuschel, die aus
Knorpel besteht, führt der Gehörgang
zum Innenohr, das in das Felsenbein
eingebettet ist.

KIEFERGELENK
Dieses Gelenk ist sehr beweglich
– es ermöglicht, den Mund
zu öffnen und zu schließen,
das Kinn vorzuschieben
oder es seitlich zu bewegen.

WANGENKNOCHEN
Der „Wangenknochen" besteht aus zwei
Teilen, dem Jochbein und einem Fortsatz
des Schläfenbeins. Er schützt die untere
Hälfte des Augapfels und dient dem
Kaumuskel *(Masseter)* als Verankerung.

EMPFINDLICHES KINN
Ein Schlag gegen das
Kinn wird durch den
Kiefer direkt an
den Hirnschädel
weitergeleitet und
verursacht unter Umständen
Bewußtlosigkeit oder sogar
eine Gehirnerschütterung.

Die Schädelknochen des Menschen

Der Schädel des Menschen besteht aus 30 Einzelteilen, die wie bei einem Puzzle ineinandergefügt sind. Bei der Geburt besteht der Schädel z. T. noch aus Knorpeln und dazwischenliegendem Bindegewebe. Im Laufe der Entwicklung vom Kleinkind zum Erwachsenen wächst der Schädel, und aus den Knorpeln werden Knochen. Wo sich Knochen berühren, wachsen sie zusammen. Diese Verbindungen bezeichnet man als Nähte *(Suturen)*; sie sind als Zickzacklinien auf dem Schädel zu erkennen. Im Alter zwischen 30 und 40 Jahren werden die Nähte undeutlicher und verschwinden schließlich. Daran kann man in etwa das Alter des früheren Schädelbesitzers einschätzen. – Der Unterkiefer des Menschen ist ein einziger Knochen, der Oberkiefer besteht aus zwei Hälften. Das „Dach" der Hirnkapsel besteht aus großen Knochenplatten, während der „Boden" und der Gesichtsbereich zahlreiche kleinere Knochen aufweisen. Im Schädel befinden sich auch die sechs kleinsten Knochen des menschlichen Körpers, nämlich die des Innenohrs (s. S. 59).

SCHÄDELBETRACHTUNG
Diese Radierung von Versalius, dem Vater der Anatomie, hat vermutlich Shakespeare zu seinen Friedhofszenen im *Hamlet* inspiriert.

Einer der beiden Oberkieferknochen, die Zähne tragen und den Vorderteil des Gaumens bilden.

Innere Nasenmuscheln erwärmen und befeuchten die Luft.

Das Gaumenbein bildet den Hinterteil des Gaumens.

Das Pflugscharbein bildet den Boden der Nasenhöhle.

Das Nasenbein bildet den Nasenrücken. Es besteht aus zwei Teilen.

Der Unterkiefer besteht aus miteinander verbundenen Hälften.

Innere Nasenmuschel

Gaumenbein

Oberkieferknochen

Die Fontanellen

Bei der Geburt wird der Kopf des Babys im Geburtskanal zusammengedrückt (s. S. 45). Die Fontanellen sind noch offene Stellen des Schädels, nur von Haut überzogen, die es den Schädelknochen ermöglichen, sich während des Geburtsvorgangs etwas zu überlagern und so Verletzungen zu vermeiden. Die größte der sechs Fontanellen befindet sich in der Mitte des Schädels, sie schließt sich im ersten oder zweiten Lebensjahr.

Suturen oder Nähte

An der dünnen Haut (Membran) der großen Fontanelle kann man den Puls des Kindes beobachten.

Schädel eines Erwachsenen

Schädel eines Neugeborenen

Das Profil

Fossilienfunde geben Aufschluß über die Entwicklung der Schädelform. Wie die Abbildungen rechts zeigen, ist das Gesicht immer flacher geworden, die Zähne kleiner, das Kinn wich zurück; die Stirn wölbte sich, um dem größeren Gehirn mehr Platz zu bieten.

Australopithecus „Südaffe"

Homo erectus „Der aufrechte Mensch"

Homo sapiens neanderthalensis „Der Neandertaler"

Homo sapiens sapiens „Der denkende Mensch"

vor 3 bis 2 Mill. Jahren

vor 750 000 Jahren

vor 100 000 – 40 000 Jahren

seit 40 000 Jahren

28

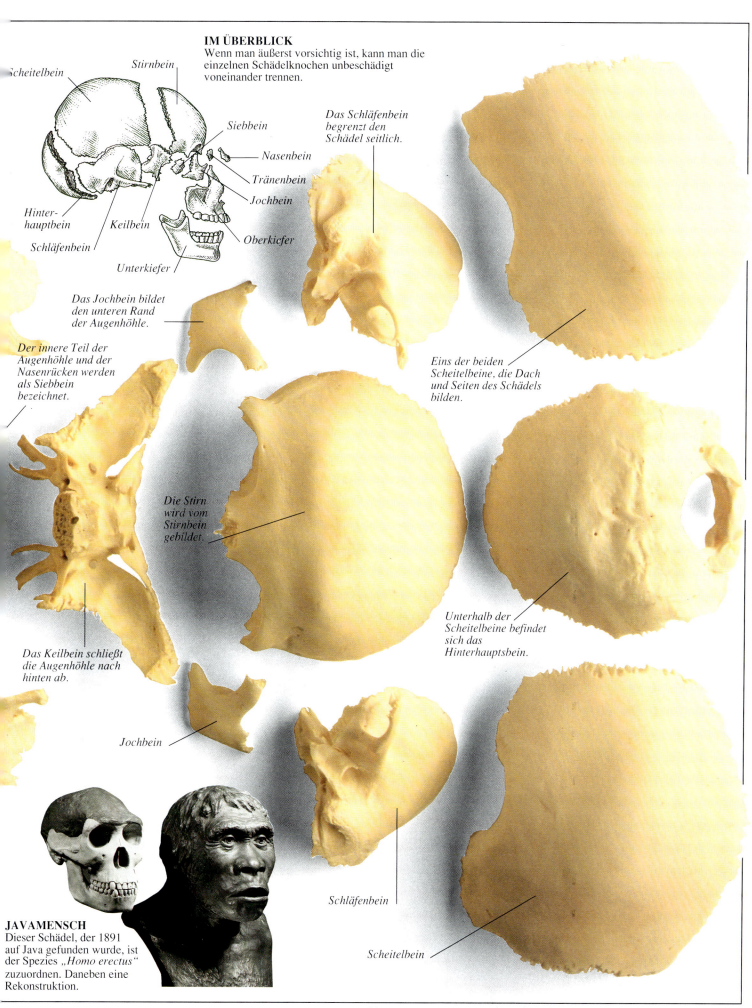

IM ÜBERBLICK
Wenn man äußerst vorsichtig ist, kann man die einzelnen Schädelknochen unbeschädigt voneinander trennen.

Scheitelbein — Stirnbein — Siebbein — Nasenbein — Tränenbein — Jochbein — Oberkiefer — Unterkiefer — Schläfenbein — Keilbein — Hinterhauptbein

Das Schläfenbein begrenzt den Schädel seitlich.

Das Jochbein bildet den unteren Rand der Augenhöhle.

Der innere Teil der Augenhöhle und der Nasenrücken werden als Siebbein bezeichnet.

Eins der beiden Scheitelbeine, die Dach und Seiten des Schädels bilden.

Die Stirn wird vom Stirnbein gebildet.

Das Keilbein schließt die Augenhöhle nach hinten ab.

Unterhalb der Scheitelbeine befindet sich das Hinterhauptsbein.

Jochbein

Schläfenbein

Scheitelbein

JAVAMENSCH
Dieser Schädel, der 1891 auf Java gefunden wurde, ist der Spezies „*Homo erectus*" zuzuordnen. Daneben eine Rekonstruktion.

29

Tierschädel

Jede Tierart hat ihre charakteristische Schädelform. Sie hat sich aus den jeweils besonderen Lebensbedingungen entwickelt. Einige Schädel sind besonders leicht, andere besonders groß und schwer. Manche sind lang und spitz, andere kurz und breit. Aber alle hier abgebildeten Schädel haben Kiefer. Es war ein großer Schritt in der Evolution, als Kiefer erstmals vor rund 450 Millionen Jahren bei Fischen ausgebildet wurden. Sie ermöglichen es, große Stücke Nahrung abzubeißen und so zu zerkleinern, daß sie sich schlucken ließen. Bevor die Fische Kiefer ausgebildet hatten, mußten sie Schlamm vom Boden absaugen und auf Nahrung hin durchsieben.

VÖGEL UND SCHNÄBEL
Der typische Vogelschädel ist leicht, hat große Augenhöhlen und einen kleinen Hinterkopf, in dem sich das Gehirn befindet.

TÖLPEL
Ein kräftiger Vogel mit einem langen, kräftigen Schnabel. Aus großer Höhe taucht er ins Wasser, um Fische zu erbeuten.

SÄBELSCHNÄBLER
Nach oben gekrümmter Schnabel zum Durchsieben von Meerwasser.

WALDKAUZ
Ein breiter Schädel für die riesigen Augen

GÄNSESÄGER
Diesem Entenschnabel entkommt kein Fisch.

AMSEL
Ein Mehrzweck-Schnabel für Insekten, Würmer, Beeren und Körner.

AMAZONENPAPAGEI
Ein kräftiger, krummer Schnabel, mit dem Körner leicht geknackt werden können.

BRACHVOGEL
Mit seinem langen Schnabel sucht dieser Vogel im Schlick nach Kleintieren.

STOCKENTE
Mit dem flachen Schnabel „schnattert" sie nach kleinen Nahrungsteilen im Wasser.

HAMSTER
Zerbeißt mit seinen großen Schneidezähnen Körner.

IGEL
Viele gleichförmige Zähne verraten, daß sich der Igel von Insekten und anderen Kleintieren ernährt.

KANINCHEN
Seine Augen sitzen seitlich am Kopf. Das Blickfeld ist optimal für ein frühzeitiges Erkennen der Feinde.

DIE LANGEN UND DIE KURZEN
Innerhalb derselben Tierart sind die Schädel identisch gebaut. Alle Hunde gehören zur gleichen Art, aber durch jahrhundertelange Zucht hat der Mensch unterschiedliche Merkmale angezüchtet. So haben Wachhunde große und lange Schädel, Schoßhündchen eher zierliche Schädel.

FROSCH
Nach vorn gerichtete Augen ermöglichen ein gutes Abschätzen der Entfernung.

GÜRTELTIER
Mit der langen Nase spürt es Ameisen und andere kleine Tiere auf.

DACHS
Der gedrungene schwere Schädel und die langen Eckzähne zeugen von einem Jäger.

BOXER
Kurze, eingedrückte Schnauze mit weit vorstehendem Unterkiefer

vorstehender Unterkiefer

COLLIE
Die „natürlichere" lange Schnauze blieb erhalten – wie beim Wolf, dem Vorfahren unserer Haushunde.

lange Schnauze

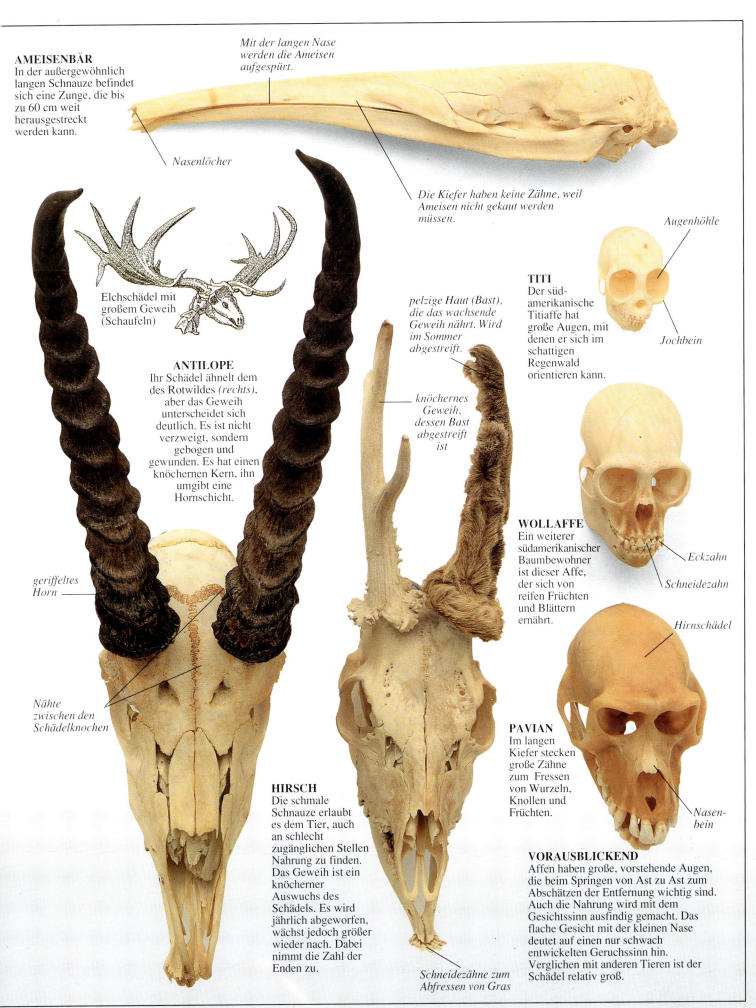

Die Sinne der Tiere

Wie andere Teile des Skelettes, so hat sich auch der Tierschädel im Laufe der Evolution verändert und den besonderen Lebensumständen angepaßt. Schon Größe und Form des Schädels verraten viel über die Lebensweise des Tieres, besonders aber jene Teile des Schädels, die etwas mit den Sinnen zu tun haben – mit Sehen, Hören, Riechen, Schmecken. Ein Fleischfresser, der seine Beute erjagt und darum auf gute Augen angewiesen ist, hat große Augenhöhlen; ein Tier, das der Witterung folgt, also in Fährtensucher ist, hat dagegen eine lange Schnauze, um den großen Riechorganen genügend Platz zu bieten.

Schädel des Nutria — *Hirnschale*, *Augenhöhle*, *Nasenloch*, *Nagezähne vorn im Maul*

VORDERZÄHNE
Die deutlich sichtbaren, orangefarbenen Schneidezähne des Nutria befinden sich ganz vorn im Schädel, denn das Tier ernährt sich von Wasserpflanzen, die es mit seinen Zähnen abnagt.

Nutria

Hundeschädel — *Hirnschale*, *Augenhöhle*

Englischer Setter

WITTERUNG AUFNEHMEN
Hunde sind vom Geruchssinn stärker abhängig als Menschen, ihre Nase ist relativ größer. Die Nase des Menschen hat fünf Millionen Riechzellen, die des Hundes 100 Millionen.

Die lange Schnauze dient dem Geruchssinn.

kämpfende Widder

STREITHAMMEL
Widder (männliche Schafe) brauchen ihre Hörner zur Verteidigung, im Kampf um die Führung der Herde oder im Streit um das Paarungsrecht. Ihre Hörner sind in dem kräftigen Stirnbein verankert.

Schädel eines Widders — *Hirnschale*, *gebogene Hörner aus Knochen*, *Augenhöhle*, *verstärktes Stirnbein*, *Nasenlöcher*

Hauskatze

Schädel der Katze — *Hirnschale*, *große Augenhöhlen für große Augäpfel*, *Nasenlöcher*

KATZENAUGEN
Freilebende Katzen streifen besonders gern in der Dämmerung umher. Ihre Augen sind groß, damit sie möglichst viel von dem schwachen Licht einfangen, um sehen zu können. Bei jungen Katzen nehmen die Augenhöhlen nahezu die Hälfte des Schädels ein.

Flamingo

Schädel des Flamingo — *Hirnschale*, *Augenhöhlen*, *Gebogener Schnabel dient als Schöpflöffel und Sieb*

DER UMGEDREHTE SCHÖPFLÖFFEL
Der winkelig gebogene „Seihschnabel" erleichtert es dem Flamingo, im seichten Wasser nach Nahrung zu suchen.

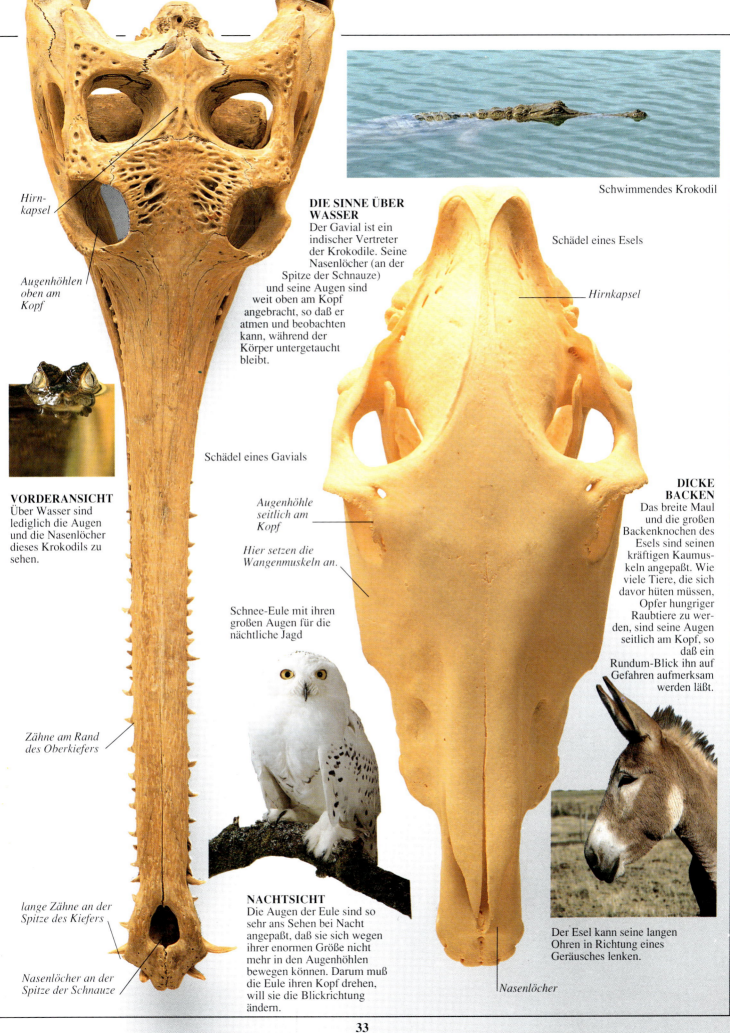

Schwimmendes Krokodil

Hirnkapsel

Augenhöhlen oben am Kopf

DIE SINNE ÜBER WASSER
Der Gavial ist ein indischer Vertreter der Krokodile. Seine Nasenlöcher (an der Spitze der Schnauze) und seine Augen sind weit oben am Kopf angebracht, so daß er atmen und beobachten kann, während der Körper untergetaucht bleibt.

Schädel eines Esels

Hirnkapsel

Schädel eines Gavials

Augenhöhle seitlich am Kopf

Hier setzen die Wangenmuskeln an.

VORDERANSICHT
Über Wasser sind lediglich die Augen und die Nasenlöcher dieses Krokodils zu sehen.

DICKE BACKEN
Das breite Maul und die großen Backenknochen des Esels sind seinen kräftigen Kaumuskeln angepaßt. Wie viele Tiere, die sich davor hüten müssen, Opfer hungriger Raubtiere zu werden, sind seine Augen seitlich am Kopf, so daß ein Rundum-Blick ihn auf Gefahren aufmerksam werden läßt.

Schnee-Eule mit ihren großen Augen für die nächtliche Jagd

Zähne am Rand des Oberkiefers

NACHTSICHT
Die Augen der Eule sind so sehr ans Sehen bei Nacht angepaßt, daß sie sich wegen ihrer enormen Größe nicht mehr in den Augenhöhlen bewegen können. Darum muß die Eule ihren Kopf drehen, will sie die Blickrichtung ändern.

lange Zähne an der Spitze des Kiefers

Nasenlöcher an der Spitze der Schnauze

Der Esel kann seine langen Ohren in Richtung eines Geräusches lenken.

Nasenlöcher

Gebiß und Nahrung

Die Form der Kiefer und der Zähne verraten uns, wovon sich ein Tier ernährt. Lange, dünne Kiefer mit kleinen Schneidezähnen dienen dem Zupfen und Zerknabbern, das Tier ernährt sich dann meist von Beeren und Insekten. Ein Gebiß mit breitem kurzen Kiefer und breiten Backenzähnen dagegen dient mehr zum Kauen von größeren Pflanzen oder zum Zermalmen von Knochen. Viele Tiere verfügen über ein kombiniertes Gebiß: halblange Kiefer mit spitzen Vorderzähnen zum Abbeißen und flachen Backenzähnen zum Kauen und Zermahlen der Nahrung.

Nagetiere

Mäuse, Ratten, Eichhörnchen und Nutrias sind Nagetiere. Sie sind Pflanzenfresser, und ihre vier Nagezähne sind groß und scharf.

Für Pflanzenfresser typische Zahnlücke

Schädel des Nutria

Orangefarbener Zahnschmelz der Schneidezähne

Große Flächen für Kiefer- und Nackenmuskeln, die zum Beißen und Ziehen benötigt werden.

UNENTWEGT NAGEN
Die Schneidezähne eines Nagetiers hören niemals auf zu wachsen, aber sie werden durch ständiges Nagen abgenutzt. Die breite Zahnlücke ermöglicht es, beim Nahrungssammeln die Mundhöhle mit den Lippen zu verschließen.

Der Unterkiefer bewegt sich auf und nieder.

Pflanzenfresser

Kühe, Pferde, Kamele, Schafe, Ziegen und das Rotwild gehören zu den Pflanzenfressern. Ihre großen Unterkiefer geben kräftigen Kaumuskeln Halt. Das Kiefergelenk ermöglicht beißende und mahlende Bewegungen.

ausladender Unterkiefer, an dem die Muskeln ansetzen

Ziege

Der Unterkiefer bewegt sich seitlich und nach vorn und zurück

Schädel der Ziege

Hornpolster am Gaumen

Vorbacken- und Backenzähne

Die Lücke ermöglicht der Zunge das Rupfen und Befördern der Nahrung.

Die unteren Schneidezähne sind diesem Tier ausgefallen.

RUPFEN
Wie viele Pflanzenfresser hat die Ziege keine oberen Schneidezähne. Sie rupft die Nahrung mit den Lippen und der Zunge, und der Gaumen und die kleinen unteren Schneidezähne helfen mit. Ihre Kiefer lassen sich auch von vorne nach hinten verschieben, um ein besseres Zerkleinern der Nahrung zu ermöglichen.

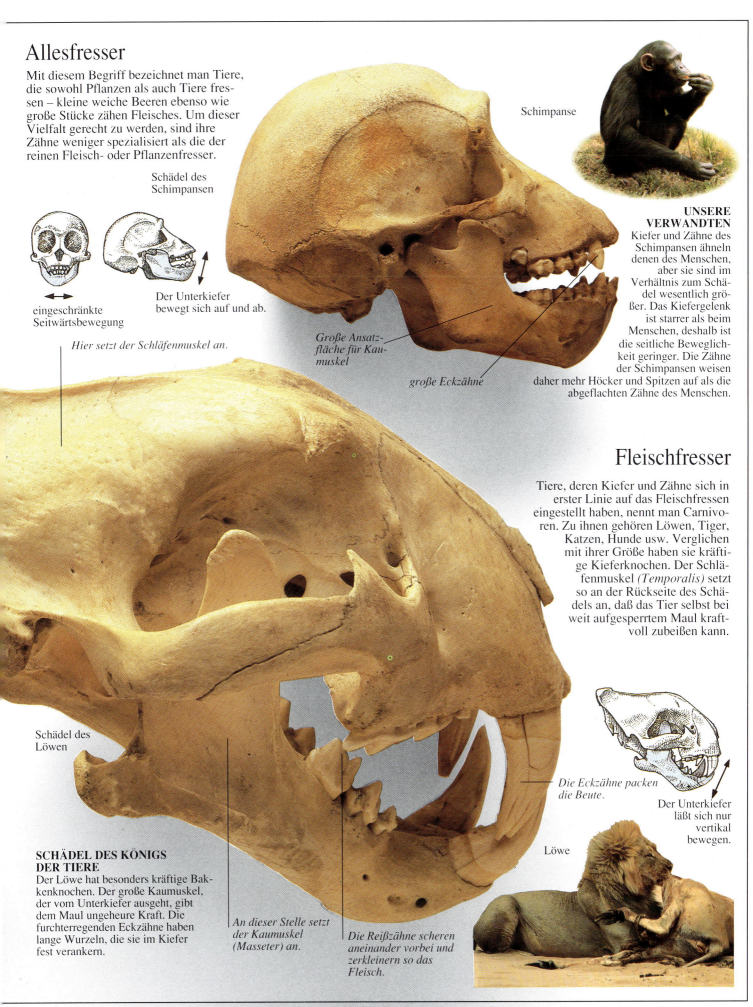

Allesfresser

Mit diesem Begriff bezeichnet man Tiere, die sowohl Pflanzen als auch Tiere fressen – kleine weiche Beeren ebenso wie große Stücke zähen Fleisches. Um dieser Vielfalt gerecht zu werden, sind ihre Zähne weniger spezialisiert als die der reinen Fleisch- oder Pflanzenfresser.

Schädel des Schimpansen

eingeschränkte Seitwärtsbewegung

Der Unterkiefer bewegt sich auf und ab.

Hier setzt der Schläfenmuskel an.

Schimpanse

Große Ansatzfläche für Kaumuskel

große Eckzähne

UNSERE VERWANDTEN
Kiefer und Zähne des Schimpansen ähneln denen des Menschen, aber sie sind im Verhältnis zum Schädel wesentlich größer. Das Kiefergelenk ist starrer als beim Menschen, deshalb ist die seitliche Beweglichkeit geringer. Die Zähne der Schimpansen weisen daher mehr Höcker und Spitzen auf als die abgeflachten Zähne des Menschen.

Fleischfresser

Tiere, deren Kiefer und Zähne sich in erster Linie auf das Fleischfressen eingestellt haben, nennt man Carnivoren. Zu ihnen gehören Löwen, Tiger, Katzen, Hunde usw. Verglichen mit ihrer Größe haben sie kräftige Kieferknochen. Der Schläfenmuskel *(Temporalis)* setzt so an der Rückseite des Schädels an, daß das Tier selbst bei weit aufgesperrtem Maul kraftvoll zubeißen kann.

Schädel des Löwen

SCHÄDEL DES KÖNIGS DER TIERE
Der Löwe hat besonders kräftige Backenknochen. Der große Kaumuskel, der vom Unterkiefer ausgeht, gibt dem Maul ungeheure Kraft. Die furchterregenden Eckzähne haben lange Wurzeln, die sie im Kiefer fest verankern.

An dieser Stelle setzt der Kaumuskel (Masseter) an.

Die Reißzähne scheren aneinander vorbei und zerkleinern so das Fleisch.

Die Eckzähne packen die Beute.

Der Unterkiefer läßt sich nur vertikal bewegen.

Löwe

Tierzähne

Aufgrund der verschiedenen Aufgaben, die die Zähne der Tiere haben können, gibt es auch große Unterschiede bezüglich ihrer Gestalt und ihrer Größe. Die Zähne des Menschen sind relativ klein und weniger auf das Erfassen und Zerkleinern zäher Beutestücke ausgelegt, denn schließlich kochen wir unsere Nahrung und behelfen uns mit Messern und Gabeln. Die Zähne der Tiere müssen viele unterschiedliche Aufgaben übernehmen, vom Beißen, Kauen, Zermalmen und Graben bis hin zu Verteidigungs- und Verständigungsaufgaben. Die Zähne eines Tieres geben Auskunft über seine Größe, sein Alter, seine Ernährung und vieles mehr. Die größten Zähne sind die Stoßzähne des Elefanten, die kleinsten die auf der Zunge der Schnecken.

Für jede dieser Leopardenfiguren aus Kenia benötigt man Elfenbein von sieben Elefantenstoßzähnen.

WANDERNDE BACKENZÄHNE
Elefanten haben auf jeder Seite des Unter- und Oberkiefers sechs Backenzähne. Diese entwickeln sich nach und nach und wandern wie auf einem Förderband nach vorne. In jeder Kieferhälfte sind immer nur einer oder zwei davon in Gebrauch. Wenn die letzten Zähne abgenutzt sind, kann das Tier nichts mehr fressen.

Backenzahn des Afrikanischen Elefanten

Zahnschmelz

Zement

Dentin zwischen den Zahnleisten

hintere Wurzel

vordere Wurzel

ELFENBEINJÄGER
Zahllose Elefanten mußten wegen ihrer Stoßzähne sterben. Ihr Elfenbein wurde für weiße Klaviertasten, Billardkugeln und exotische Schnitzereien verwendet.

Pflanzen- und Fleischfresser

Pflanzenfresser wie Pferde und Zebras (s. S. 34) müssen ihre Nahrung erst zu Brei kauen, bevor sie sie schlucken können. Ihre Mahlzähne sind flach und breit. Fleischfresser, also Tiere, die nur Fleisch fressen, haben spitzere Zähne zum Fangen der Beute. Sie müssen nicht so viel kauen, weil Fleisch leichter verdaulich ist, und benötigen daher kaum Mahlzähne.

Unterkieferknochen eines Pferdes

Schneidezähne zum „Abbeißen" von Gras

Hier sieht man, wie tief die Zähne reichen.

Zähne des Hundes

Mahlzähne

große Kaufläche

oben: MAHLZÄHNE MIT STARKER KRONE
Die Schneidezähne des Pferdes erfassen das Gras und reißen es aus. Die kräftigen Mahlzähne zerkleinern die Nahrung. Sie sind besonders tief im Kiefer verankert, wie man auf dem Bild oben deutlich erkennen kann.

REISS- UND SCHNEIDEZÄHNE
Diese Auswahl von Oberkieferzähnen des Hundes zeigt deutlich, daß es sich hier um einen Fleischfresser handelt. Jeder Zahn hat eine besondere Aufgabe die an seiner Form zu erkennen ist.

Backenzahn zum Knacken von Knochen

schneidendquetschender Reißzahn

Backenzahn zum Zermalmen

langer Fangzahn

kleiner Schneidezahn

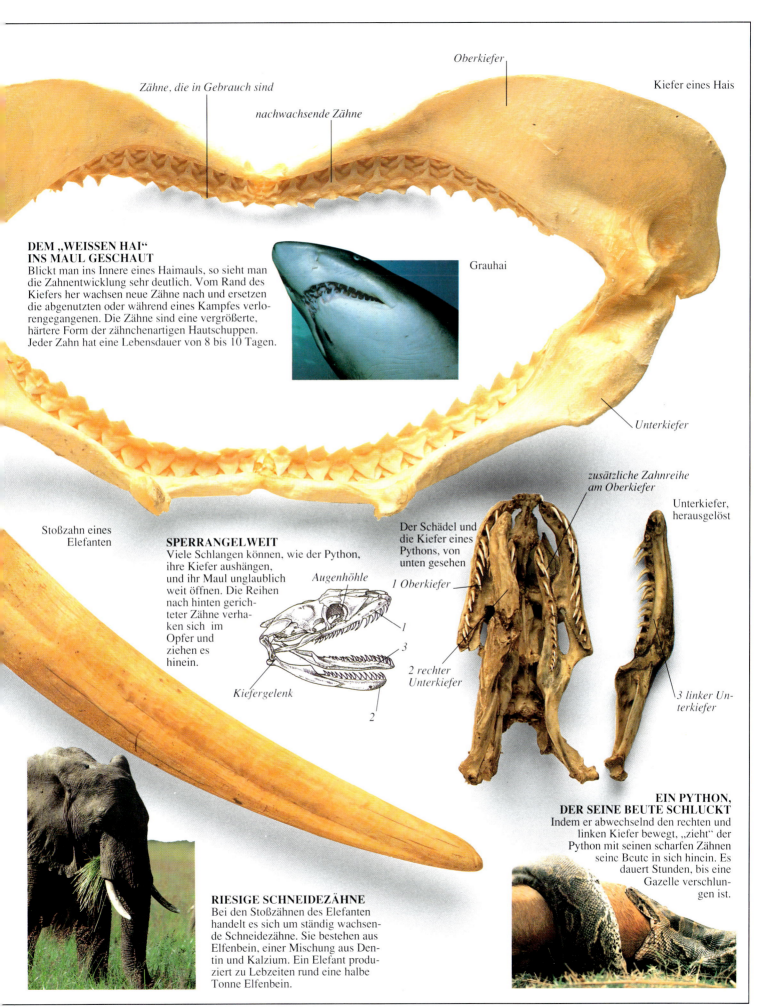

Oberkiefer — Kiefer eines Hais

Zähne, die in Gebrauch sind

nachwachsende Zähne

DEM „WEISSEN HAI" INS MAUL GESCHAUT
Blickt man ins Innere eines Haimauls, so sieht man die Zahnentwicklung sehr deutlich. Vom Rand des Kiefers her wachsen neue Zähne nach und ersetzen die abgenutzten oder während eines Kampfes verlorengegangenen. Die Zähne sind eine vergrößerte, härtere Form der zähnchenartigen Hautschuppen. Jeder Zahn hat eine Lebensdauer von 8 bis 10 Tagen.

Grauhai

Unterkiefer

Stoßzahn eines Elefanten

SPERRANGELWEIT
Viele Schlangen können, wie der Python, ihre Kiefer aushängen, und ihr Maul unglaublich weit öffnen. Die Reihen nach hinten gerichteter Zähne verhaken sich im Opfer und ziehen es hinein.

Augenhöhle

Kiefergelenk

zusätzliche Zahnreihe am Oberkiefer

Der Schädel und die Kiefer eines Pythons, von unten gesehen

1 Oberkiefer

2 rechter Unterkiefer

Unterkiefer, herausgelöst

3 linker Unterkiefer

RIESIGE SCHNEIDEZÄHNE
Bei den Stoßzähnen des Elefanten handelt es sich um ständig wachsende Schneidezähne. Sie bestehen aus Elfenbein, einer Mischung aus Dentin und Kalzium. Ein Elefant produziert zu Lebzeiten rund eine halbe Tonne Elfenbein.

EIN PYTHON, DER SEINE BEUTE SCHLUCKT
Indem er abwechselnd den rechten und linken Kiefer bewegt, „zieht" der Python mit seinen scharfen Zähnen seine Beute in sich hinein. Es dauert Stunden, bis eine Gazelle verschlungen ist.

Wirbelsäule des Menschen

Die Wirbelsäule bildet das „Rückgrat" des menschlichen Körpers. Sie ist die vertikale Stütze für Kopf, Arme und Beine. Sie macht es möglich, daß wir uns bücken oder niederhocken, den Kopf wenden oder nicken, Schultern oder Hüften drehen können. Ursprünglich war sie als horizontaler Halt gedacht, der das Gewicht der Brust und des Bauches tragen sollte: die prähistorischen Säugetiere liefen auf allen vieren (s. S. 46). Beim aufrecht gehenden Menschen hat die Wirbelsäule eine S-Form – von der Seite betrachtet. Auf diese Weise kann sie die verschiedenen Körperpartien über den Beinen und Füßen im Gleichgewicht halten – mit einem Minimum an Muskelarbeit. Die Wirbelsäule funktioniert nach dem Prinzip der Kettenglieder: viele kleine Bewegungen summieren sich. Jeder Wirbel für sich kann sich nur unwesentlich bewegen, aber auf die ganze Wirbelsäule bezogen ist eine volle Drehung und Beugung möglich.

Diese Abbildung aus einem Anatomiebuch des Jahres 1685 zeigt die Rückansicht eines menschlichen Skelettes.

DIE GEBOGENE WIRBELSÄULE (oben)
Von der Seite betrachtet gleicht die Wirbelsäule einem flachen S. Diese Form verhilft dazu, die Gewichte von Kopf, Armen, Brust und Bauch über den Beinen zu halten und den ganzen Körper hervorragend auszubalancieren.

UNTER DEM SCHÄDEL
Die ersten beiden Wirbel heißen Atlas und Axis. Alle Wirbel im oberen Bereich dienen der Bewegung des Kopfes, diese beiden sorgen insbesondere dafür, daß man nicken oder den Kopf drehen kann.

Atlas: macht das Nicken möglich.

Axis: ermöglicht die Drehbewegungen.

HALSWIRBEL
Der Halsabschnitt der Wirbelsäule besteht aus sieben Wirbeln. Sie machen eine Dreivierteldrehung des Kopfes möglich, ohne daß wir die Schultern bewegen müssen. Wenn wir auch noch die Augen zu Hilfe nehmen, können wir 360 Grad überblicken, also alles um uns herum. Die einzelnen Wirbel werden durch Muskeln mit dem Schädel, den Schulterblättern und den unteren Wirbeln verbunden.

DIE BRUSTWIRBEL
Je tiefer die Wirbel liegen, desto größer werden sie, da auch das Gewicht, das sie tragen müssen, nach unten hin zunimmt. Es gibt 12 Brustwirbel, für jedes Rippenpaar einen. Die Rippen setzen an Gelenkflächen der Wirbel an und werden bei jedem Atemzug bewegt.

Halswirbel, von hinten

Brustwirbel, von hinten

Gelenkfläche für den nächstvorderen Wirbel

Wirbelkörper

Querfortsatz

Halswirbel, von oben

Wirbelloch – der Kanal für das Rückenmark

Wirbelbogen

Querfortsatz

Brustwirbel, von oben

Dornfortsatz

NICKEN UND KOPFSCHÜTTELN
Zum einen verhilft der Atlas, zum anderen der Axis.

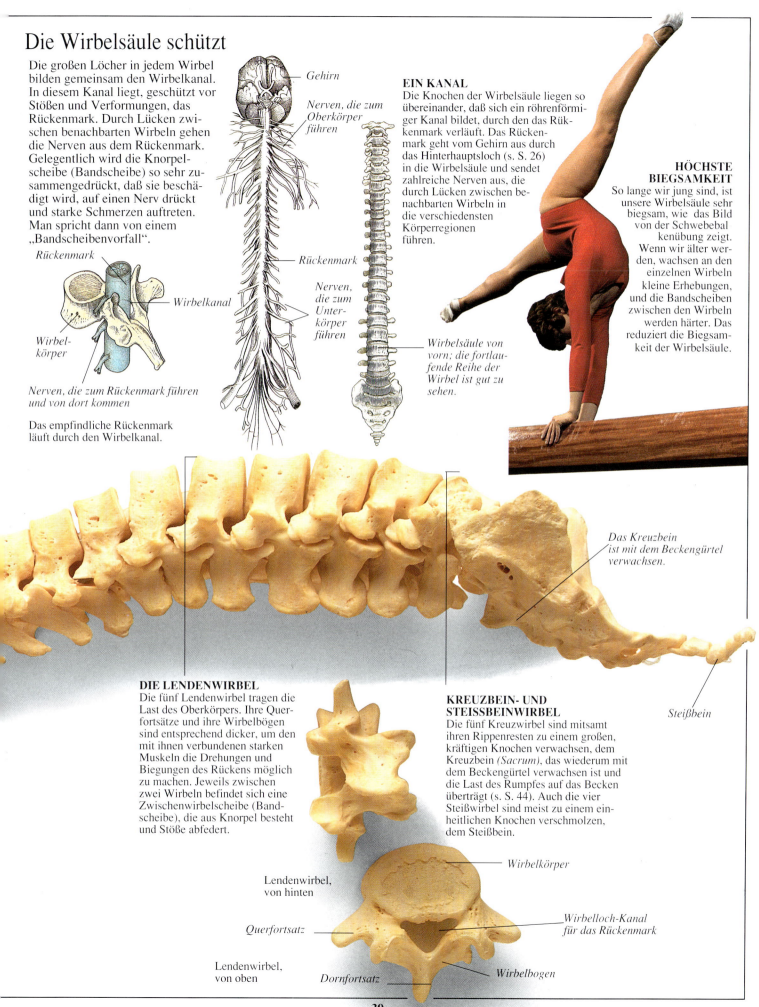

Die Wirbelsäule schützt

Die großen Löcher in jedem Wirbel bilden gemeinsam den Wirbelkanal. In diesem Kanal liegt, geschützt vor Stößen und Verformungen, das Rückenmark. Durch Lücken zwischen benachbarten Wirbeln gehen die Nerven aus dem Rückenmark. Gelegentlich wird die Knorpelscheibe (Bandscheibe) so sehr zusammengedrückt, daß sie beschädigt wird, auf einen Nerv drückt und starke Schmerzen auftreten. Man spricht dann von einem „Bandscheibenvorfall".

Rückenmark
Wirbelkanal
Wirbelkörper
Nerven, die zum Rückenmark führen und von dort kommen

Das empfindliche Rückenmark läuft durch den Wirbelkanal.

Gehirn
Nerven, die zum Oberkörper führen
Rückenmark
Nerven, die zum Unterkörper führen

EIN KANAL
Die Knochen der Wirbelsäule liegen so übereinander, daß sich ein röhrenförmiger Kanal bildet, durch den das Rückenmark verläuft. Das Rückenmark geht vom Gehirn aus durch das Hinterhauptsloch (s. S. 26) in die Wirbelsäule und sendet zahlreiche Nerven aus, die durch Lücken zwischen benachbarten Wirbeln in die verschiedensten Körperregionen führen.

Wirbelsäule von vorn; die fortlaufende Reihe der Wirbel ist gut zu sehen.

HÖCHSTE BIEGSAMKEIT
So lange wir jung sind, ist unsere Wirbelsäule sehr biegsam, wie das Bild von der Schwebebalkenübung zeigt. Wenn wir älter werden, wachsen an den einzelnen Wirbeln kleine Erhebungen, und die Bandscheiben zwischen den Wirbeln werden härter. Das reduziert die Biegsamkeit der Wirbelsäule.

Das Kreuzbein ist mit dem Beckengürtel verwachsen.

DIE LENDENWIRBEL
Die fünf Lendenwirbel tragen die Last des Oberkörpers. Ihre Querfortsätze und ihre Wirbelbögen sind entsprechend dicker, um den mit ihnen verbundenen starken Muskeln die Drehungen und Biegungen des Rückens möglich zu machen. Jeweils zwischen zwei Wirbeln befindet sich eine Zwischenwirbelscheibe (Bandscheibe), die aus Knorpel besteht und Stöße abfedert.

KREUZBEIN- UND STEISSBEINWIRBEL
Die fünf Kreuzwirbel sind mitsamt ihren Rippenresten zu einem großen, kräftigen Knochen verwachsen, dem Kreuzbein *(Sacrum)*, das wiederum mit dem Beckengürtel verwachsen ist und die Last des Rumpfes auf das Becken überträgt (s. S. 44). Auch die vier Steißwirbel sind meist zu einem einheitlichen Knochen verschmolzen, dem Steißbein.

Steißbein
Lendenwirbel, von hinten
Querfortsatz
Lendenwirbel, von oben
Dornfortsatz
Wirbelkörper
Wirbelloch-Kanal für das Rückenmark
Wirbelbogen

39

Wirbelsäulen bei Tieren

Alle Fische, Amphibien, Reptilien, Vögel und Säuger besitzen als stützende Längsachse in ihrem Körper eine Wirbelsäule. Aufgrund dieser Übereinstimmung faßt man diese Tiere unter dem Begriff „Wirbeltiere" zusammen und unterscheidet sie von den „Wirbellosen" wie den Insekten und Würmern (s. S. 22). Der Bauweise der Wirbelsäule liegt bei allen Tieren der gleiche Plan zugrunde. Immer handelt es sich um eine Reihe kleiner Knochen, die zu einer biegsamen Säule miteinander verbunden sind und vom Kopf bis zum Schwanz reichen. Wesentliche Unterschiede gibt es allerdings im Hinblick auf die Anzahl der Wirbel. Sie schwankt zwischen neun beim Frosch und mehr als 400 bei einigen Schlangen.

GREIFSCHWANZ
Der Schwanz dient dem Lemuren als fünfte Extremität, er greift damit beim Klettern.

Ringelschwanzlemur

Länge von der Nase bis zum Schwanz: 87 cm

Die ersten beiden Wirbel ermöglichen Dreh- und Nickbewegungen des Kopfes.

VON KOPF BIS SCHWANZ
Ein Fuchs hat nahezu 50 Wirbel. Die Hälfte davon befindet sich in seinem Schwanz.

Rotfuchs

Magenregion

SCHLÄNGELNDE FORTBEWEGUNG
Bei einer Schlange sehen alle Wirbel und ihr dazugehöriges Rippenpaar identisch aus. Ihr Skelett besteht nur aus Wirbeln, Rippen und Schädel, denn sie hat weder Arme noch Beine, kein Schulterblatt und kein Becken. Große Schlangen bewegen sich mit Hilfe ihrer Bauchschuppen vorwärts.

Hier ist das Schulterblatt befestigt.

Skelett eines Pythons

Netzpython

Schädel

Herzregion

Unterkiefer

AGILE REPTILIEN
Das Fehlen der Gliedmaßen scheint die Schlangen, wie diesen Netzpython, in keiner Weise einzuschränken. Sie können sich sehr schnell bewegen, klettern, schwimmen und graben.

Darmregion

Rippe

Knorpelige Wirbelsäule eines Hais

Runde Knorpelscheiben

Grauhai

DIE WIRBELSÄULE EINES HAIS
Weder das Rückgrat noch die anderen Teile des Skelettes bestehen beim Hai aus Knochen. Es handelt sich vielmehr um Knorpel, die jedoch im Inneren durch Mineralstoffe wie Kalzium „gehärtet" sind.

Am Dornfortsatz sind die Muskeln befestigt, die die Schwanzflosse des Wals bewegen und somit das Tier fortbewegen.

Der nach vorn gerichtete Fortsatz paßt in die Aussparung des davorliegenden Wirbels.

verstärkte „Speichen" aus harten Mineralstoffen

Der Beckengürtel setzt am Kreuzbein an.

Wirbelsäule eines Rotfuchses

Dornfortsatz des Wirbels

Ein Wirbel

Der runde, scheibenförmige Teil des Wirbels, der Wirbelkörper, stößt gegen seine Nachbarn. Über dem Wirbelkörper befindet sich ein Loch, der Wirbelkanal, durch welches das Rückenmark verläuft. An den Querfortsätzen des Wirbels sind die Muskeln verankert, die den Rücken bewegen und – bei vierbeinigen Lebewesen – das Gewicht des „darunter" hängenden Körpers tragen.

Wirbelkanal, durch den das Rückenmark verläuft

Dornfortsatz des Wirbels

Wirbelkörper

Wirbel eines Frettchens

Wirbelbogen
Wirbelkanal
Querfortsatz

Wirbel eines Delphins

Wirbelkörper

LÄUFER UND SCHWIMMER
Im Gegensatz zum Frettchen weisen beim Delphin die Wirbel große knöcherne Querfortsätze auf, die der Rückenmuskulatur Halt geben. Der Grund dafür besteht darin, daß der Delphin sich ausschließlich durch Wellenbewegungen der Wirbelsäule fortbewegt, während das Frettchen mehr auf seine Beinmuskulatur vertraut.

Querfortsatz

Wirbel eines Blauwals

DAS GRÖSSTE SÄUGETIER
Der Wirbel eines Wals (hier vom Schwanz aus gesehen) veranschaulicht deutlich, wie kompliziert jedes einzelne Glied der Knochenkette ist, die als „Rückgrat" ihre Funktion erfüllt.

41

Brustkorb

Einerseits müssen die Lungen sich ausdehnen können (beim Einatmen), andererseits brauchen sie Schutz, eine feste Verpackung. Ein starres Gehäuse aus Knochen, wie es der Schädel ist, der das Gehirn umgibt, wäre für einen solchen Zweck ungeeignet. Der Brustkorb löst die Aufgaben ideal: dieser Verbund aus stabilen, aber beweglichen Knochenstäben und Knorpeln schafft für die Lungen Bewegungsraum und Sicherheit zugleich. Die Rippen sind dünn und biegsam, so daß sie Schläge und Stöße von außen abfedern können, ohne zu brechen. Sie sind beweglich mit den Wirbeln und dem Brustbein verbunden. Beim Einatmen wird der Brustkorb angehoben und seitlich ausgedehnt. Auf diese Weise wird das Brustvolumen vergrößert und die Luft in die Lungen gesogen.

Schlüsselbein

Brustbein

Gut gesichert

Die Rippen schützen Lungen, Herz und wichtige Blutgefäße. Außerdem „überdachen" sie den Magen, die Leber und andere Bereiche des Oberbauchs. Diese Organe liegen unter dem Zwerchfell, einem gewölbten Muskel, der den Brustkorb nach unten begrenzt.

Die Tiefe des Brustkorbs und seine Lage in bezug auf das Rückgrat wird in dieser Zeichnung von Leonardo da Vinci deutlich.

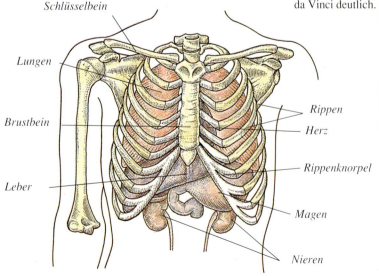

Schlüsselbein

Lungen

Brustbein

Leber

Rippen

Herz

Rippenknorpel

Magen

Nieren

EIN KÄFIG AUS KNÖCHERNEN STÄBEN
Der Brustkorb besteht aus der Wirbelsäule, zwölf Rippenpaaren und dem Brustbein.

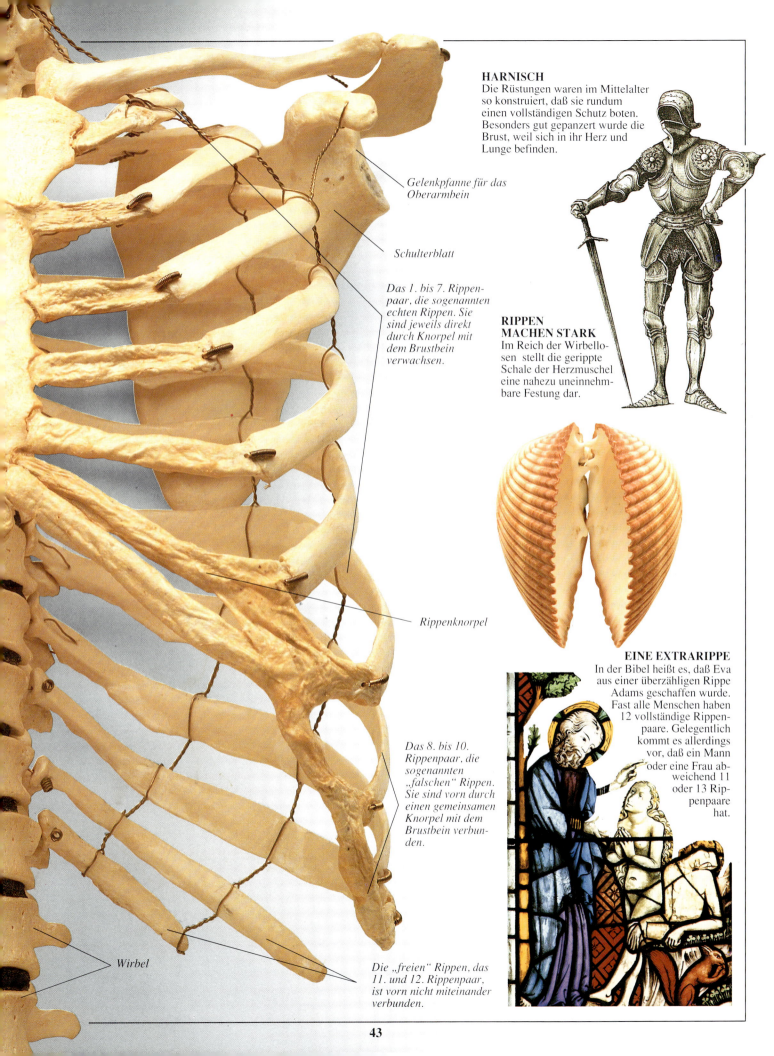

HARNISCH
Die Rüstungen waren im Mittelalter so konstruiert, daß sie rundum einen vollständigen Schutz boten. Besonders gut gepanzert wurde die Brust, weil sich in ihr Herz und Lunge befinden.

Gelenkpfanne für das Oberarmbein

Schulterblatt

Das 1. bis 7. Rippenpaar, die sogenannten echten Rippen. Sie sind jeweils direkt durch Knorpel mit dem Brustbein verwachsen.

RIPPEN MACHEN STARK
Im Reich der Wirbellosen stellt die gerippte Schale der Herzmuschel eine nahezu uneinnehmbare Festung dar.

Rippenknorpel

EINE EXTRARIPPE
In der Bibel heißt es, daß Eva aus einer überzähligen Rippe Adams geschaffen wurde. Fast alle Menschen haben 12 vollständige Rippenpaare. Gelegentlich kommt es allerdings vor, daß ein Mann oder eine Frau abweichend 11 oder 13 Rippenpaare hat.

Das 8. bis 10. Rippenpaar, die sogenannten „falschen" Rippen. Sie sind vorn durch einen gemeinsamen Knorpel mit dem Brustbein verbunden.

Wirbel

Die „freien" Rippen, das 11. und 12. Rippenpaar, ist vorn nicht miteinander verbunden.

43

Beckengürtel des Menschen

Wenn man einen Menschen auffordert, seine Hüfte zu berühren, wird er die Hand sicherlich auf jenen Knochen legen, der seitlich unterhalb der Taille zu spüren ist. Die Hüfte ist der vorspringende Oberrand des Beckengürtels. Was manchmal als „Hüftknochen" bezeichnet wird, ist die Vorderkante eines der Beckenknochen, nämlich des breiten, schalenförmigen Darmbeins (*Ilium*). Es ist mit den anderen Beckenknochen fest verschmolzen. Vorn unterhalb des Darmbeins folgt das Schambein (*Pubis*) und hinten unten, im Gesäßbereich, das Sitzbein (*Ischium*). Diese drei Knochen sind jeweils auf jeder Körperseite vorhanden. Zwischen die beiden Darmbeine ist das Kreuzbein (*Sacrum*) eingefügt, das aus 5 verschmolzenen Wirbeln besteht (s. S. 39).

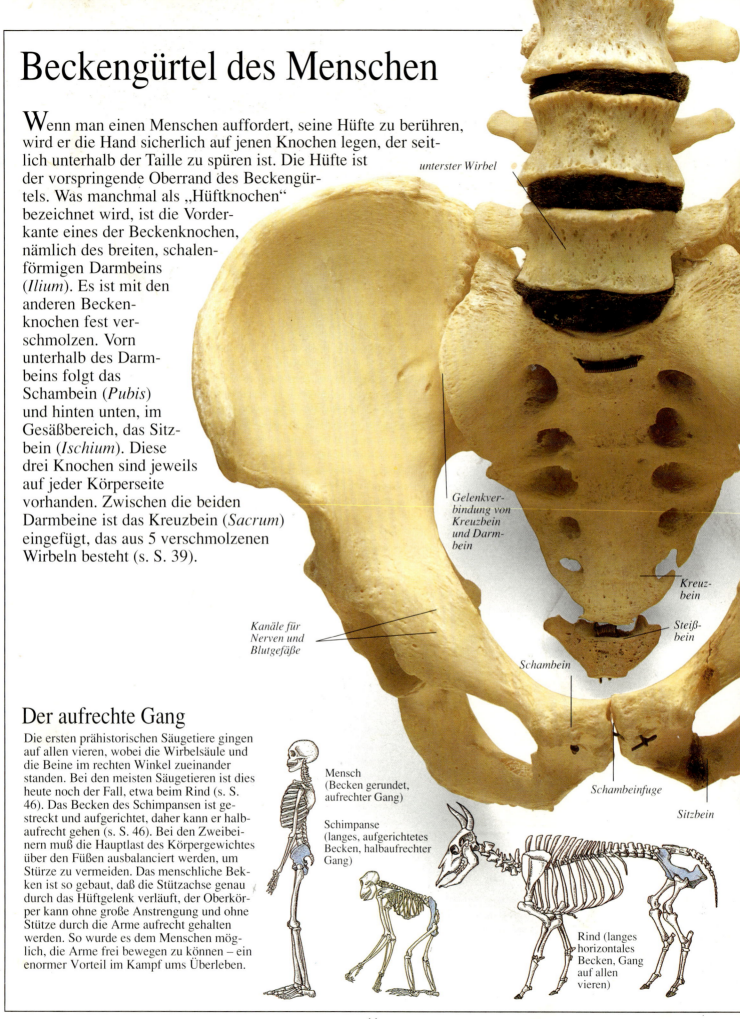

unterster Wirbel

Gelenkverbindung von Kreuzbein und Darmbein

Kreuzbein

Steißbein

Kanäle für Nerven und Blutgefäße

Schambein

Schambeinfuge

Sitzbein

Mensch (Becken gerundet, aufrechter Gang)

Schimpanse (langes, aufgerichtetes Becken, halbaufrechter Gang)

Rind (langes horizontales Becken, Gang auf allen vieren)

Der aufrechte Gang

Die ersten prähistorischen Säugetiere gingen auf allen vieren, wobei die Wirbelsäule und die Beine im rechten Winkel zueinander standen. Bei den meisten Säugetieren ist dies heute noch der Fall, etwa beim Rind (s. S. 46). Das Becken des Schimpansen ist gestreckt und aufgerichtet, daher kann er halbaufrecht gehen (s. S. 46). Bei den Zweibeinern muß die Hauptlast des Körpergewichtes über den Füßen ausbalanciert werden, um Stürze zu vermeiden. Das menschliche Becken ist so gebaut, daß die Stützachse genau durch das Hüftgelenk verläuft, der Oberkörper kann ohne große Anstrengung und ohne Stütze durch die Arme aufrecht gehalten werden. So wurde es dem Menschen möglich, die Arme frei bewegen zu können – ein enormer Vorteil im Kampf ums Überleben.

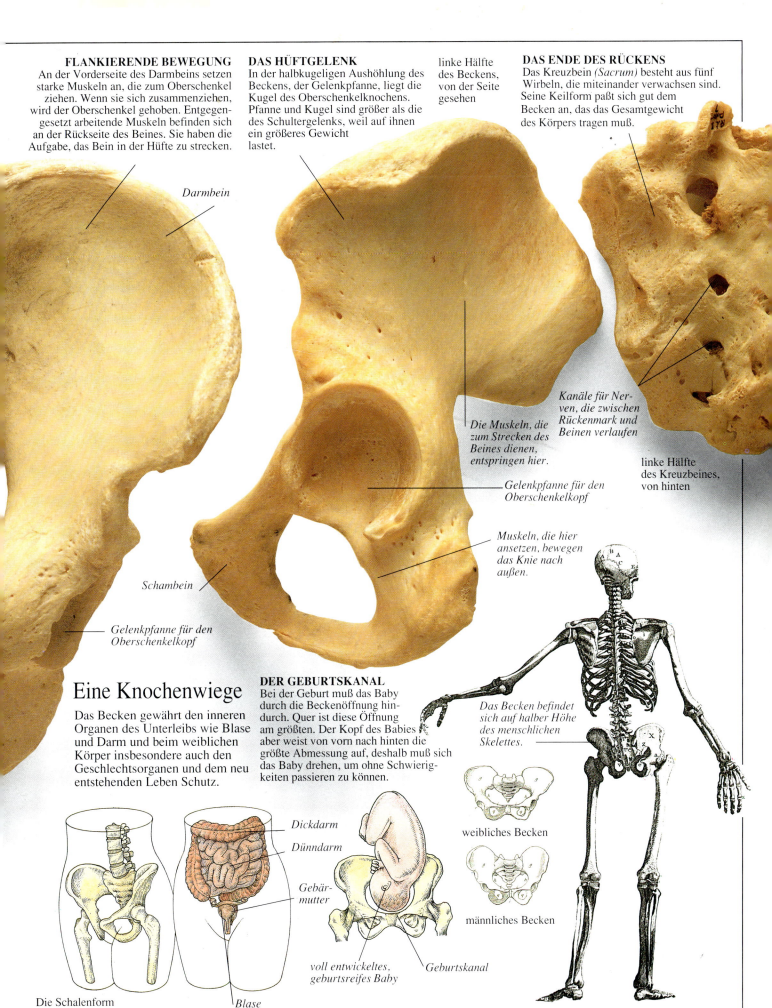

FLANKIERENDE BEWEGUNG
An der Vorderseite des Darmbeins setzen starke Muskeln an, die zum Oberschenkel ziehen. Wenn sie sich zusammenziehen, wird der Oberschenkel gehoben. Entgegengesetzt arbeitende Muskeln befinden sich an der Rückseite des Beines. Sie haben die Aufgabe, das Bein in der Hüfte zu strecken.

DAS HÜFTGELENK
In der halbkugeligen Aushöhlung des Beckens, der Gelenkpfanne, liegt die Kugel des Oberschenkelknochens. Pfanne und Kugel sind größer als die des Schultergelenks, weil auf ihnen ein größeres Gewicht lastet.

linke Hälfte des Beckens, von der Seite gesehen

DAS ENDE DES RÜCKENS
Das Kreuzbein (Sacrum) besteht aus fünf Wirbeln, die miteinander verwachsen sind. Seine Keilform paßt sich gut dem Becken an, das das Gesamtgewicht des Körpers tragen muß.

Darmbein

Die Muskeln, die zum Strecken des Beines dienen, entspringen hier.

Kanäle für Nerven, die zwischen Rückenmark und Beinen verlaufen

Gelenkpfanne für den Oberschenkelkopf

linke Hälfte des Kreuzbeines, von hinten

Muskeln, die hier ansetzen, bewegen das Knie nach außen.

Schambein

Gelenkpfanne für den Oberschenkelkopf

Eine Knochenwiege
Das Becken gewährt den inneren Organen des Unterleibs wie Blase und Darm und beim weiblichen Körper insbesondere auch den Geschlechtsorganen und dem neu entstehenden Leben Schutz.

DER GEBURTSKANAL
Bei der Geburt muß das Baby durch die Beckenöffnung hindurch. Quer ist diese Öffnung am größten. Der Kopf des Babies aber weist von vorn nach hinten die größte Abmessung auf, deshalb muß sich das Baby drehen, um ohne Schwierigkeiten passieren zu können.

Das Becken befindet sich auf halber Höhe des menschlichen Skelettes.

Dickdarm
Dünndarm
Gebärmutter

weibliches Becken

männliches Becken

Die Schalenform des Beckens

Blase

voll entwickeltes, geburtsreifes Baby *Geburtskanal*

45

Beckengürtel bei Tieren

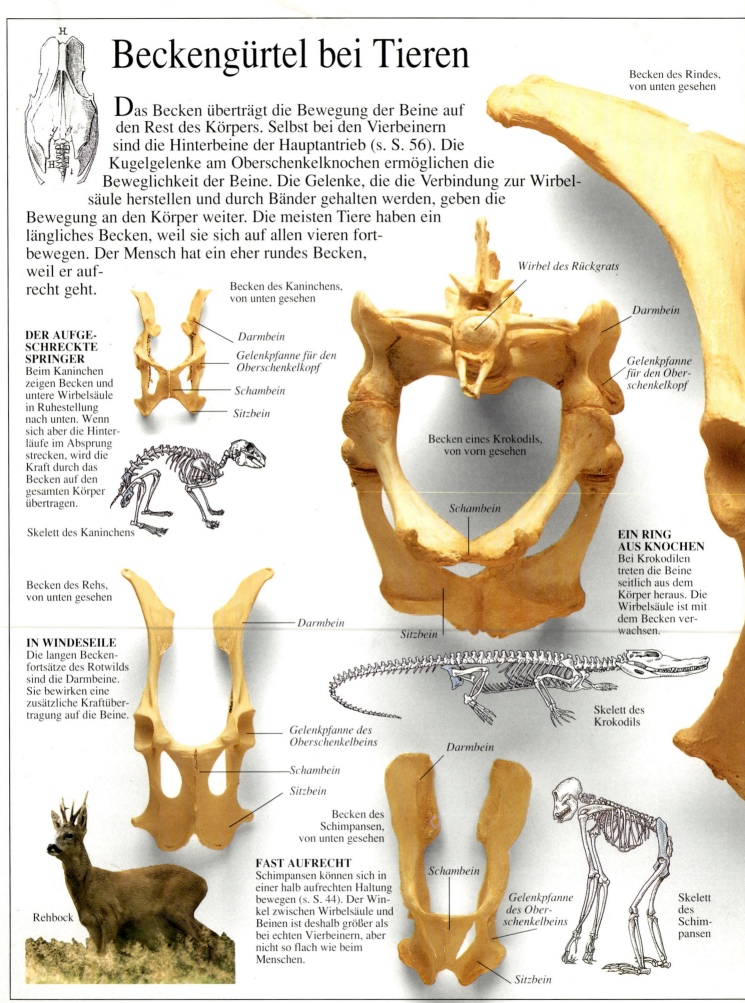

Das Becken überträgt die Bewegung der Beine auf den Rest des Körpers. Selbst bei den Vierbeinern sind die Hinterbeine der Hauptantrieb (s. S. 56). Die Kugelgelenke am Oberschenkelknochen ermöglichen die Beweglichkeit der Beine. Die Gelenke, die die Verbindung zur Wirbelsäule herstellen und durch Bänder gehalten werden, geben die Bewegung an den Körper weiter. Die meisten Tiere haben ein längliches Becken, weil sie sich auf allen vieren fortbewegen. Der Mensch hat ein eher rundes Becken, weil er aufrecht geht.

Becken des Rindes, von unten gesehen

DER AUFGESCHRECKTE SPRINGER
Beim Kaninchen zeigen Becken und untere Wirbelsäule in Ruhestellung nach unten. Wenn sich aber die Hinterläufe im Absprung strecken, wird die Kraft durch das Becken auf den gesamten Körper übertragen.

Skelett des Kaninchens

Becken des Kaninchens, von unten gesehen
- Darmbein
- Gelenkpfanne für den Oberschenkelkopf
- Schambein
- Sitzbein

Wirbel des Rückgrats
Darmbein
Gelenkpfanne für den Oberschenkelkopf

Becken eines Krokodils, von vorn gesehen
- Schambein
- Sitzbein

EIN RING AUS KNOCHEN
Bei Krokodilen treten die Beine seitlich aus dem Körper heraus. Die Wirbelsäule ist mit dem Becken verwachsen.

Skelett des Krokodils

Becken des Rehs, von unten gesehen
- Darmbein
- Gelenkpfanne des Oberschenkelbeins
- Schambein
- Sitzbein

IN WINDESEILE
Die langen Beckenfortsätze des Rotwilds sind die Darmbeine. Sie bewirken eine zusätzliche Kraftübertragung auf die Beine.

Rehbock

Becken des Schimpansen, von unten gesehen
- Darmbein
- Schambein
- Gelenkpfanne des Oberschenkelbeins
- Sitzbein

FAST AUFRECHT
Schimpansen können sich in einer halb aufrechten Haltung bewegen (s. S. 44). Der Winkel zwischen Wirbelsäule und Beinen ist deshalb größer als bei echten Vierbeinern, aber nicht so flach wie beim Menschen.

Skelett des Schimpansen

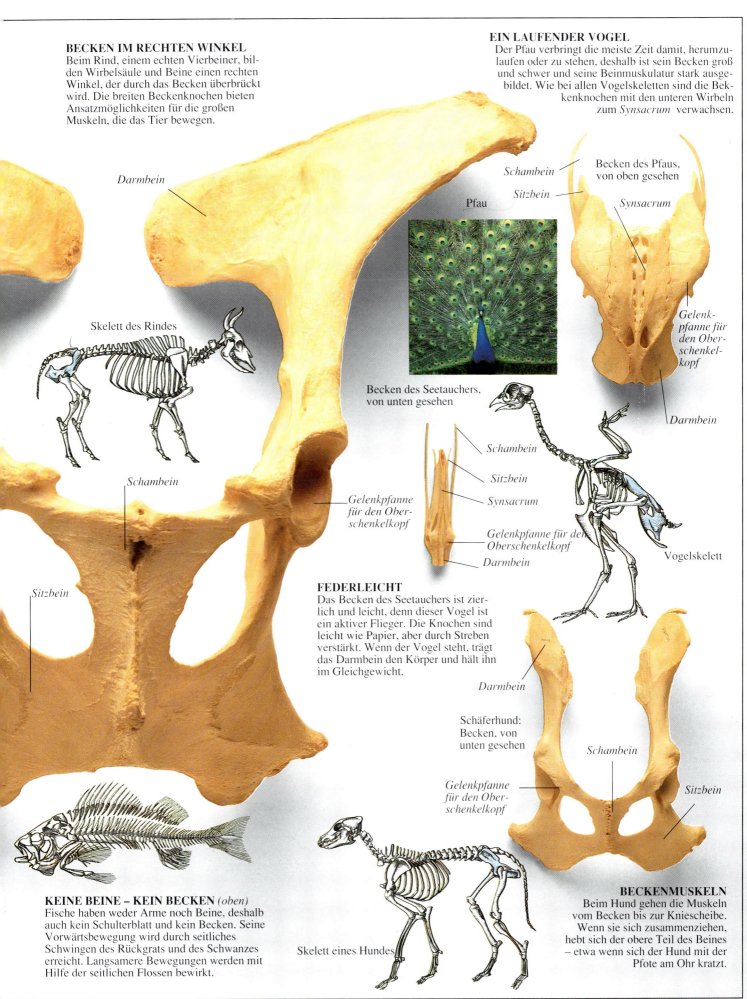

BECKEN IM RECHTEN WINKEL
Beim Rind, einem echten Vierbeiner, bilden Wirbelsäule und Beine einen rechten Winkel, der durch das Becken überbrückt wird. Die breiten Beckenknochen bieten Ansatzmöglichkeiten für die großen Muskeln, die das Tier bewegen.

EIN LAUFENDER VOGEL
Der Pfau verbringt die meiste Zeit damit, herumzulaufen oder zu stehen, deshalb ist sein Becken groß und schwer und seine Beinmuskulatur stark ausgebildet. Wie bei allen Vogelskeletten sind die Beckenknochen mit den unteren Wirbeln zum *Synsacrum* verwachsen.

FEDERLEICHT
Das Becken des Seetauchers ist zierlich und leicht, denn dieser Vogel ist ein aktiver Flieger. Die Knochen sind leicht wie Papier, aber durch Streben verstärkt. Wenn der Vogel steht, trägt das Darmbein den Körper und hält ihn im Gleichgewicht.

KEINE BEINE – KEIN BECKEN *(oben)*
Fische haben weder Arme noch Beine, deshalb auch kein Schulterblatt und kein Becken. Seine Vorwärtsbewegung wird durch seitliches Schwingen des Rückgrats und des Schwanzes erreicht. Langsamere Bewegungen werden mit Hilfe der seitlichen Flossen bewirkt.

BECKENMUSKELN
Beim Hund gehen die Muskeln vom Becken bis zur Kniescheibe. Wenn sie sich zusammenziehen, hebt sich der obere Teil des Beines – etwa wenn sich der Hund mit der Pfote am Ohr kratzt.

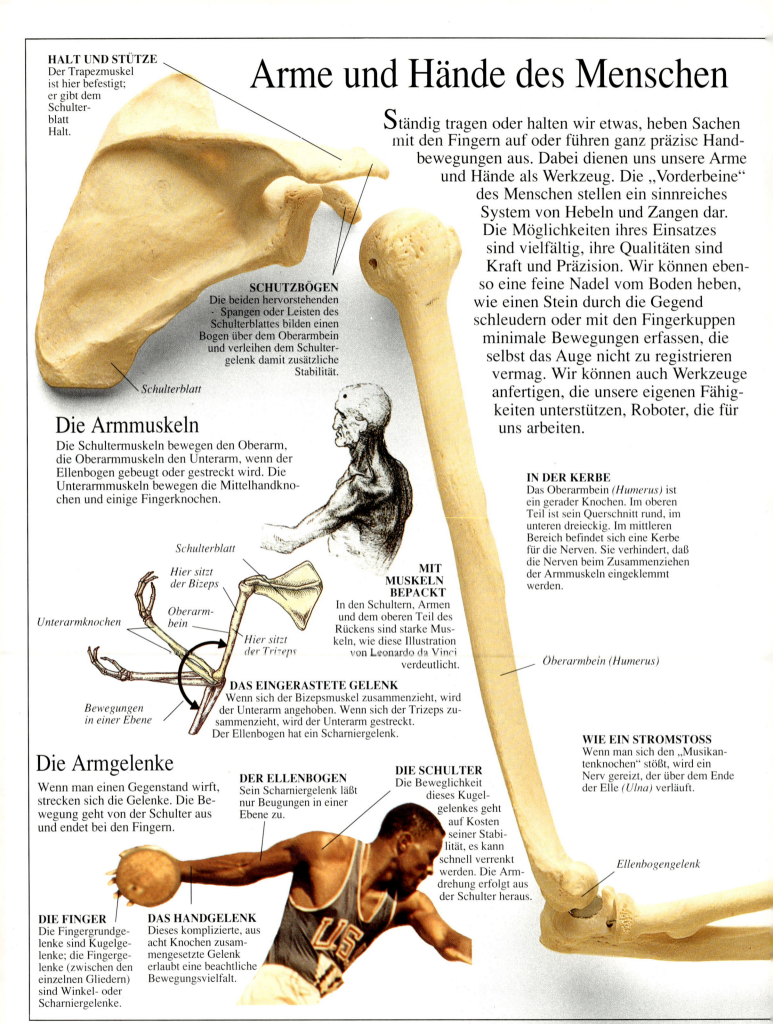

Arme und Hände des Menschen

Ständig tragen oder halten wir etwas, heben Sachen mit den Fingern auf oder führen ganz präzise Handbewegungen aus. Dabei dienen uns unsere Arme und Hände als Werkzeug. Die „Vorderbeine" des Menschen stellen ein sinnreiches System von Hebeln und Zangen dar. Die Möglichkeiten ihres Einsatzes sind vielfältig, ihre Qualitäten sind Kraft und Präzision. Wir können ebenso eine feine Nadel vom Boden heben, wie einen Stein durch die Gegend schleudern oder mit den Fingerkuppen minimale Bewegungen erfassen, die selbst das Auge nicht zu registrieren vermag. Wir können auch Werkzeuge anfertigen, die unsere eigenen Fähigkeiten unterstützen, Roboter, die für uns arbeiten.

HALT UND STÜTZE
Der Trapezmuskel ist hier befestigt; er gibt dem Schulterblatt Halt.

SCHUTZBÖGEN
Die beiden hervorstehenden Spangen oder Leisten des Schulterblattes bilden einen Bogen über dem Oberarmbein und verleihen dem Schultergelenk damit zusätzliche Stabilität.

Schulterblatt

Die Armmuskeln

Die Schultermuskeln bewegen den Oberarm, die Oberarmmuskeln den Unterarm, wenn der Ellenbogen gebeugt oder gestreckt wird. Die Unterarmmuskeln bewegen die Mittelhandknochen und einige Fingerknochen.

Schulterblatt
Hier sitzt der Bizeps
Oberarmbein
Unterarmknochen
Hier sitzt der Trizeps
Bewegungen in einer Ebene

MIT MUSKELN BEPACKT
In den Schultern, Armen und dem oberen Teil des Rückens sind starke Muskeln, wie diese Illustration von Leonardo da Vinci verdeutlicht.

DAS EINGERASTETE GELENK
Wenn sich der Bizepsmuskel zusammenzieht, wird der Unterarm angehoben. Wenn sich der Trizeps zusammenzieht, wird der Unterarm gestreckt. Der Ellenbogen hat ein Scharniergelenk.

IN DER KERBE
Das Oberarmbein *(Humerus)* ist ein gerader Knochen. Im oberen Teil ist sein Querschnitt rund, im unteren dreieckig. Im mittleren Bereich befindet sich eine Kerbe für die Nerven. Sie verhindert, daß die Nerven beim Zusammenziehen der Armmuskeln eingeklemmt werden.

Oberarmbein (Humerus)

Die Armgelenke

Wenn man einen Gegenstand wirft, strecken sich die Gelenke. Die Bewegung geht von der Schulter aus und endet bei den Fingern.

DER ELLENBOGEN
Sein Scharniergelenk läßt nur Beugungen in einer Ebene zu.

DIE SCHULTER
Die Beweglichkeit dieses Kugelgelenkes geht auf Kosten seiner Stabilität, es kann schnell verrenkt werden. Die Armdrehung erfolgt aus der Schulter heraus.

WIE EIN STROMSTOSS
Wenn man sich den „Musikantenknochen" stößt, wird ein Nerv gereizt, der über dem Ende der Elle *(Ulna)* verläuft.

Ellenbogengelenk

DIE FINGER
Die Fingergrundgelenke sind Kugelgelenke; die Fingergelenke (zwischen den einzelnen Gliedern) sind Winkel- oder Scharniergelenke.

DAS HANDGELENK
Dieses komplizierte, aus acht Knochen zusammengesetzte Gelenk erlaubt eine beachtliche Bewegungsvielfalt.

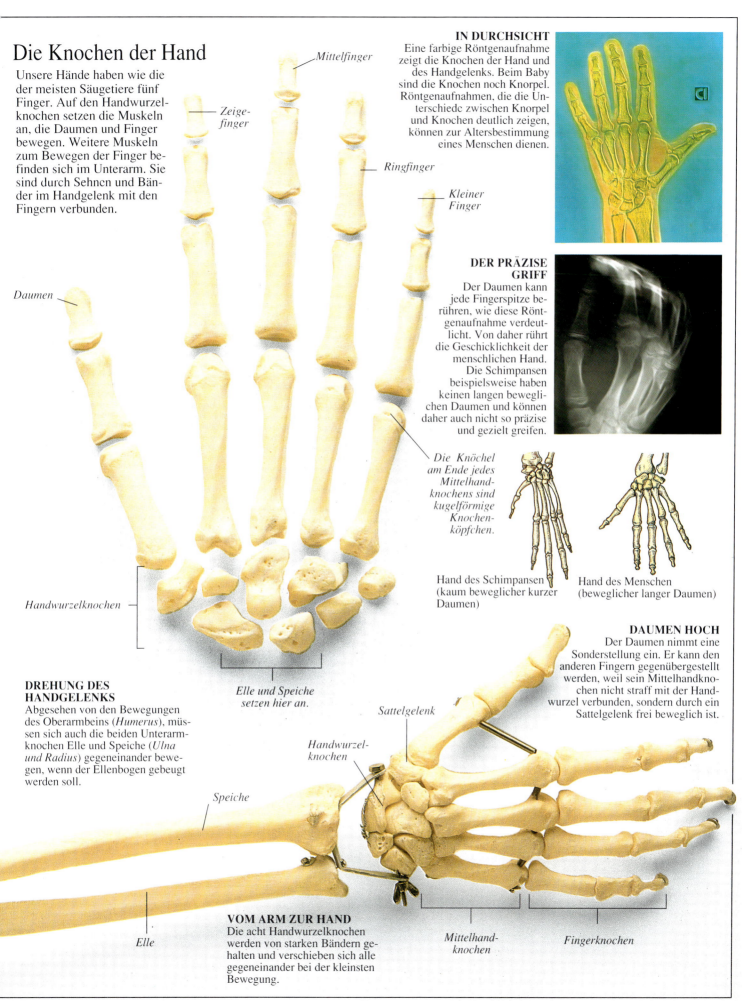

Die Knochen der Hand

Unsere Hände haben wie die der meisten Säugetiere fünf Finger. Auf den Handwurzelknochen setzen die Muskeln an, die Daumen und Finger bewegen. Weitere Muskeln zum Bewegen der Finger befinden sich im Unterarm. Sie sind durch Sehnen und Bänder im Handgelenk mit den Fingern verbunden.

Mittelfinger

Zeigefinger

Ringfinger

Kleiner Finger

Daumen

Handwurzelknochen

IN DURCHSICHT
Eine farbige Röntgenaufnahme zeigt die Knochen der Hand und des Handgelenks. Beim Baby sind die Knochen noch Knorpel. Röntgenaufnahmen, die die Unterschiede zwischen Knorpel und Knochen deutlich zeigen, können zur Altersbestimmung eines Menschen dienen.

DER PRÄZISE GRIFF
Der Daumen kann jede Fingerspitze berühren, wie diese Röntgenaufnahme verdeutlicht. Von daher rührt die Geschicklichkeit der menschlichen Hand. Die Schimpansen beispielsweise haben keinen langen beweglichen Daumen und können daher auch nicht so präzise und gezielt greifen.

Die Knöchel am Ende jedes Mittelhandknochens sind kugelförmige Knochenköpfchen.

Hand des Schimpansen (kaum beweglicher kurzer Daumen)

Hand des Menschen (beweglicher langer Daumen)

DREHUNG DES HANDGELENKS
Abgesehen von den Bewegungen des Oberarmbeins (*Humerus*), müssen sich auch die beiden Unterarmknochen Elle und Speiche (*Ulna und Radius*) gegeneinander bewegen, wenn der Ellenbogen gebeugt werden soll.

Elle und Speiche setzen hier an.

Sattelgelenk

Handwurzelknochen

DAUMEN HOCH
Der Daumen nimmt eine Sonderstellung ein. Er kann den anderen Fingern gegenübergestellt werden, weil sein Mittelhandknochen nicht straff mit der Handwurzel verbunden, sondern durch ein Sattelgelenk frei beweglich ist.

Speiche

Elle

VOM ARM ZUR HAND
Die acht Handwurzelknochen werden von starken Bändern gehalten und verschieben sich alle gegeneinander bei der kleinsten Bewegung.

Mittelhandknochen

Fingerknochen

Arme, Flügel, Flossen

Die vorderen Gliedmaßen sind im Lauf der Evolution ausgesprochen vielseitig abgewandelt worden. Bei den meisten Landtieren dienen die Beine zum Gehen, und die Füße bleiben auf dem Boden, was ihre Nutzungsmöglichkeiten eingeschränkt hat. Bei einigen Tierarten sind sie jedoch nicht so stark festgelegt. Die vorderen Gliedmaßen haben alle möglichen Größen und Formen angenommen, sich den jeweiligen Lebensumständen angepaßt. Durch Veränderung der Anzahl, der Größe und der Form der Knochen sind aus vorzeitlichen Flossen Flügel, Arme, Haken oder Schaufeln geworden.

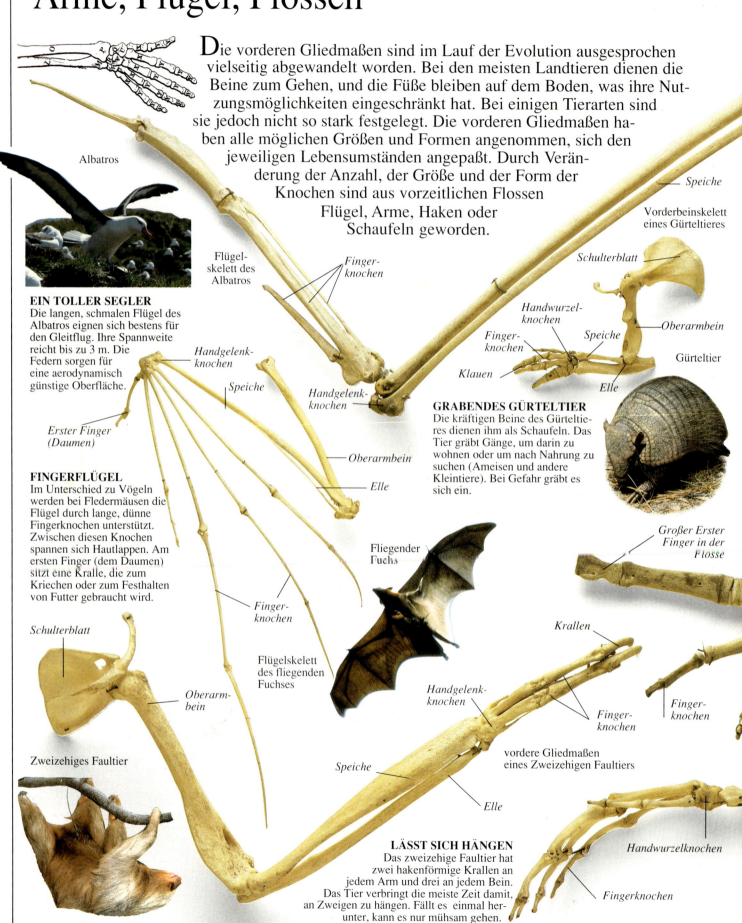

Albatros

Flügelskelett des Albatros

Fingerknochen

Speiche

Vorderbeinskelett eines Gürteltieres

Schulterblatt

Handwurzelknochen

Fingerknochen

Speiche

Oberarmbein

Klauen

Elle

Gürteltier

EIN TOLLER SEGLER
Die langen, schmalen Flügel des Albatros eignen sich bestens für den Gleitflug. Ihre Spannweite reicht bis zu 3 m. Die Federn sorgen für eine aerodynamisch günstige Oberfläche.

Handgelenkknochen

Speiche

Handgelenkknochen

Erster Finger (Daumen)

FINGERFLÜGEL
Im Unterschied zu Vögeln werden bei Fledermäusen die Flügel durch lange, dünne Fingerknochen unterstützt. Zwischen diesen Knochen spannen sich Hautlappen. Am ersten Finger (dem Daumen) sitzt eine Kralle, die zum Kriechen oder zum Festhalten von Futter gebraucht wird.

Oberarmbein

Elle

GRABENDES GÜRTELTIER
Die kräftigen Beine des Gürteltieres dienen ihm als Schaufeln. Das Tier gräbt Gänge, um darin zu wohnen oder um nach Nahrung zu suchen (Ameisen und andere Kleintiere). Bei Gefahr gräbt es sich ein.

Fingerknochen

Fliegender Fuchs

Großer Erster Finger in der Flosse

Krallen

Fingerknochen

Flügelskelett des fliegenden Fuchses

Handgelenkknochen

Fingerknochen

vordere Gliedmaßen eines Zweizehigen Faultiers

Schulterblatt

Oberarmbein

Zweizehiges Faultier

Speiche

Elle

LÄSST SICH HÄNGEN
Das zweizehige Faultier hat zwei hakenförmige Krallen an jedem Arm und drei an jedem Bein. Das Tier verbringt die meiste Zeit damit, an Zweigen zu hängen. Fällt es einmal herunter, kann es nur mühsam gehen.

Handwurzelknochen

Fingerknochen

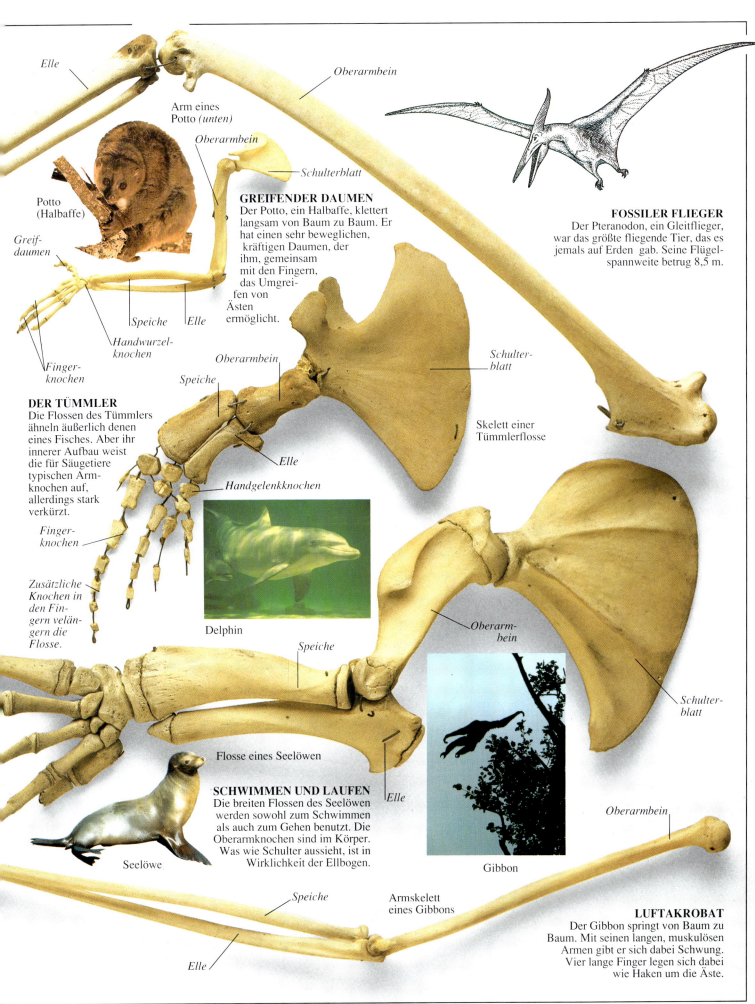

Schulterblätter bei Tieren

Von außen betrachtet sehen sich die Gliedmaßen aller Vierbeiner sehr ähnlich. Ihre Skelette weisen jedoch große Unterschiede auf. Die Hinterbeine haben zumeist die Aufgabe, beim Gehen, Laufen oder Springen für den nötigen Antrieb zu sorgen. Die vorderen Gliedmaßen aber haben von Tierart zu Tierart abweichende Funktionen. Sie fangen nach einem Sprung den Körper ab, halten Nahrung oder andere Gegenstände fest oder ergreifen Opfer oder Feinde. Ihre Ausformung ist demzufolge unterschiedlich. Basis dieser Vielfalt ist das Schulterblatt. Dieser breite, flache Knochen von dreieckiger Grundform bietet vielen Muskeln Halt, die zur Wirbelsäule und den Rippen führen und das Schulterblatt in die unterschiedlichsten Stellungen bringen und mit dem Oberkörper verbinden. Schulterblatt und Vorderbein sind immer durch ein Kugelgelenk miteinander verbunden.

Rotfuchs

Schulterblatt eines Rotfuchses

DAUERLÄUFER
Das relativ breite Schulterblatt des Fuchses bietet viel Ansatzfläche für Muskeln. Ein Hinweis darauf, daß sich das Tier ausschließlich auf allen vieren bewegt. Mit den Vorderläufen wird auch Nahrung ausgegraben.

Schulterblatt eines Halsbandpekari

DAS STEIFBEINIGE SCHWEIN
Das lange, schmale Schulterblatt des Halsbandpekari wird durch Muskeln vor- und zurückbewegt. Die Beine sind kurz und dünn und verursachen einen steifbeinigen Gang.

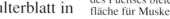
Skelett des Schweins

Biber, einen Zweig haltend und knabbernd

DAMMBAUER
Das schmale Schulterblatt des Bibers weist darauf hin, daß die Vorderbeine wenig Gewicht zu tragen haben. Mit ihnen werden Zweige geknickt, Schlamm angehäuft, Nahrungsmittel festgehalten.

Schulterblatt eines Bibers

BÜCKEN
Ein Sibirischer Tiger beim Trinken aus einem Wasserloch. Seine Wirbelsäule senkt sich zwischen die Vorderbeine, die Schulterblätter treten deutlich hervor.

Schulterblatt eines Wallaby

SPRINGEN AUF ZWEI BEINEN
Beim Hüpfen spielen die kurzen Vorderbeine des Känguruhs überhaupt keine Rolle, sie werden zum Kämpfen und Spielen, zur Nahrungsaufnahme und zum Abstützen gebraucht.

Känguruhskelett

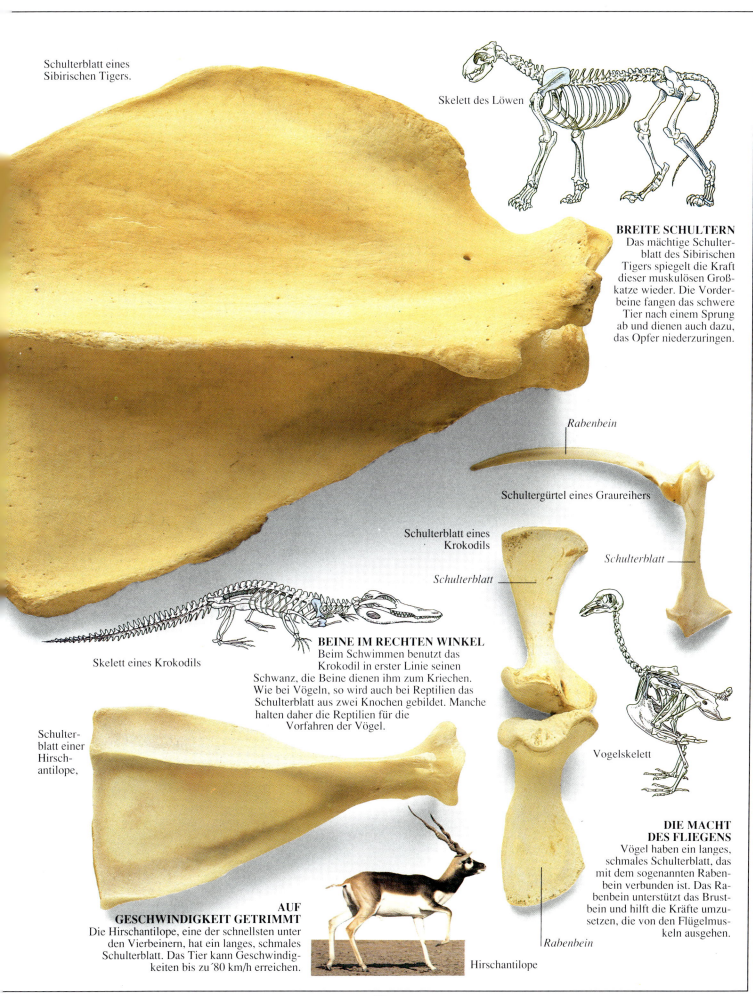

Schulterblatt eines Sibirischen Tigers.

Skelett des Löwen

BREITE SCHULTERN
Das mächtige Schulterblatt des Sibirischen Tigers spiegelt die Kraft dieser muskulösen Großkatze wieder. Die Vorderbeine fangen das schwere Tier nach einem Sprung ab und dienen auch dazu, das Opfer niederzuringen.

Rabenbein

Schultergürtel eines Graureihers

Schulterblatt eines Krokodils

Schulterblatt

Schulterblatt

Skelett eines Krokodils

BEINE IM RECHTEN WINKEL
Beim Schwimmen benutzt das Krokodil in erster Linie seinen Schwanz, die Beine dienen ihm zum Kriechen. Wie bei Vögeln, so wird auch bei Reptilien das Schulterblatt aus zwei Knochen gebildet. Manche halten daher die Reptilien für die Vorfahren der Vögel.

Vogelskelett

Schulterblatt einer Hirschantilope,

DIE MACHT DES FLIEGENS
Vögel haben ein langes, schmales Schulterblatt, das mit dem sogenannten Rabenbein verbunden ist. Das Rabenbein unterstützt das Brustbein und hilft die Kräfte umzusetzen, die von den Flügelmuskeln ausgehen.

AUF GESCHWINDIGKEIT GETRIMMT
Die Hirschantilope, eine der schnellsten unter den Vierbeinern, hat ein langes, schmales Schulterblatt. Das Tier kann Geschwindigkeiten bis zu ´80 km/h erreichen.

Hirschantilope

Rabenbein

Beine und Füße des Menschen

Wir sind daran gewöhnt, zu stehen und unsere Umgebung zu beobachten. Das ist eine erstaunliche Leistung. Es gibt zwar Tiere, die kurzzeitig auf zwei Beinen stehen können, aber dann verlieren sie das Gleichgewicht. Der Mensch dagegen kann stundenlang in aufrechter Haltung verweilen und dabei noch die Hände zu anderweitiger Tätigkeit einsetzen. Wir gehen nicht auf den Zehen, wie manche Lebewesen, sondern auf den Fußsohlen. Deswegen sind unsere Zehen kleiner als die der meisten Tiere. Muskeln im Nacken, an den Armen, im Rücken und an den Beinen sorgen dafür, daß unser Schwerpunkt über den Beinen bleibt. Um gehen zu können, bedarf es der Koordination und der Kontraktion einer Vielzahl von Muskeln. Man spricht auch vom sogenannten „kontrollierten Fall", das heißt, der Körper kippt nach vorn, wird aber durch das Vorsetzen der Füße am Fallen gehindert.

Kugelgelenk des Oberschenkelbeins

Oberschenkelbein (Femur)

DER KOPF DES BEINS
Der Oberschenkelknochen ist der längste Einzelknochen im menschlichen Körper. An seinem Ende, dem „Kopf", wird er noch durch Kanten verstärkt, an denen die kräftige Oberschenkelmuskulatur ansetzt.

LANG UND STARK
Der Oberschenkelknochen ist der längste und größte Röhrenknochen des Skeletts. Er hat verdickte Gelenkenden für das Hüft- und das Kniegelenk und ein schlankes Mittelstück, den sogenannten Schaft.

SCHWINGENDE ARME
Arm und Bein der gleichen Körperseite bewegen sich beim Gehen gegenläufig: ist das Bein vorn, dann ist der Arm hinten und umgekehrt. Dadurch wird der Körper im Gleichgewicht gehalten.

Beinmuskeln und Beingelenke

Die Muskeln an der Hüfte, dem Oberschenkel und der Wade sorgen für die Bewegungen des Beines. Die Muskeln im Hüftbereich lassen das Bein vorwärts und rückwärts schwingen, die an den Oberschenkeln dienen der Beugung des Knies. Die Wadenmuskulatur ist für den Fuß zuständig.

MUSKELN, DIE DAS BEIN BEWEGEN
Dieser Überblick zeigt die wichtigsten Muskeln, auf der Rückseite unserer Beine, die beim Gehen aktiv werden.

Der große Gesäßmuskel, bewirkt das Strecken der Hüfte

Oberschenkelmuskeln bewegen das Knie.

Kniesehnen

Wadenbeinmuskel, krümmt das Knie, streckt den Fuß.

Die Muskeln von Becken und Wirbelsäule drehen die Hüfte.

HÜFTBEWEGUNG
Das Hüftgelenk weist in zwei Richtungen eine gute Beweglichkeit auf: vorwärts und rückwärts, was dem Gehen und Laufen sehr dienlich ist.

Langer Wadenbeinmuskel, unterstützt das Sprungbein im Stehen.

Mit 15 cm ist die Achillessehne die längste und stärkste Sehne im Körper des Menschen.

DIE HÜFTE
Dieses Kugelgelenk ist extrem belastbar und beweglich. Die Kugel des Oberschenkelknochens befindet sich in einem Winkel zum Schaft, so daß das Körpergewicht besser aufgefangen wird.

DAS KNIEGELENK
Es funktioniert wie ein Scharnier, macht Strecken und Beugen des Beins möglich. Es verträgt keine Drehung. Verletzungsgefahr!

DAS FUSSGELENK
Es besteht aus sieben Einzelknochen. Sie sind nicht sehr beweglich, aber außerordentlich stark belastbar.

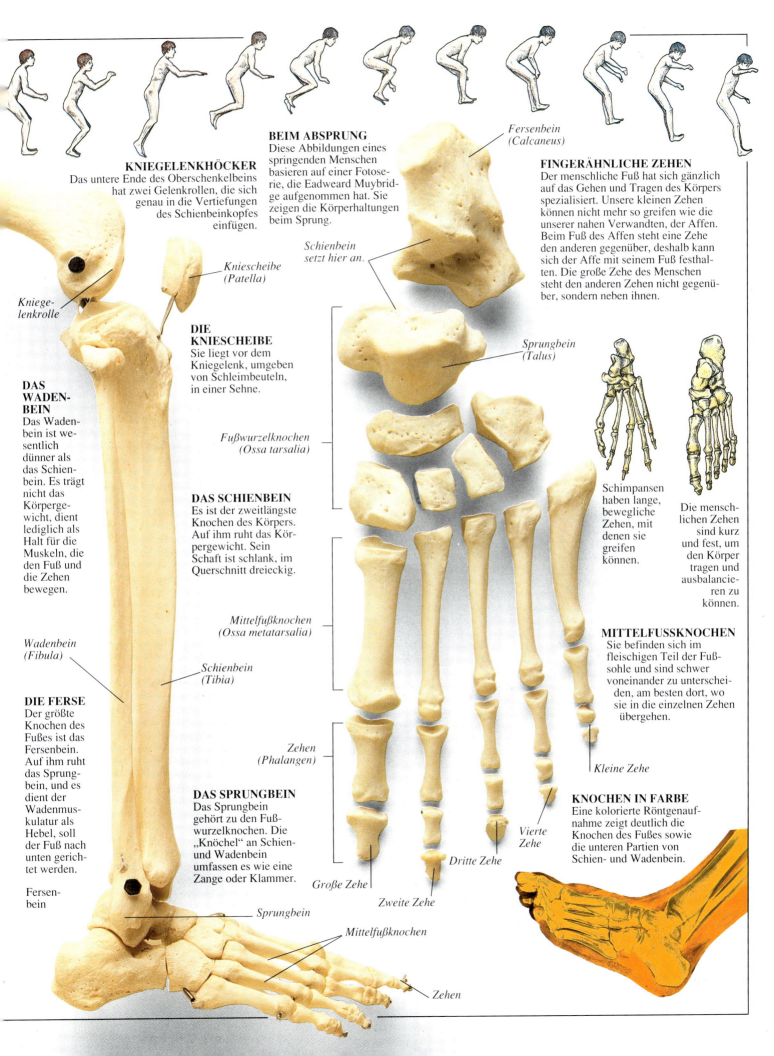

Beine und Läufe

Beine haben nicht nur den Körper vom Boden fernzuhalten oder ihn zu bewegen. Sie werden auch zum Springen, Klettern, Graben, Treten oder auch zum Ziehen benötigt. Beine und Füße eines Tieres geben Aufschluß über dessen Aussehen und Lebensweise. Muskulöse, mit Krallen bewehrte Beine können nur einem Raubtier gehören. Kurze, dicke Beine mit starken Knochen werden ein großes Körpergewicht zu tragen haben und sicherlich zu einem schweren Pflanzenfresser gehören, dessen Körpergröße seinen Feinden Respekt einflößt. Lange, schlanke Beine mit leichten Hufen weisen auf einen schnellen Läufer hin, der durch Geschwindigkeit Gefahren entrinnen kann.

Hinterbeine eines Wallabys

Wallaby

AUF GROSSEM FUSS
Die beiden Hauptzehen des Wallaby (der vierte und fünfte) sind besonders groß und geben dem Fuß gehörige Standfläche. Der große Zeh (Daumen) hat sich zurückentwickelt. Die zweiten und dritten Zehen dienen zum Putzen.

Hinterlauf eines Servals

Serval

DER LANGBEINIGE SPRINGER
Der Serval, eine mittelgroße Katze der afrikanischen Steppe, ist ein schneller Jäger. Er pirscht sich an sein Opfer heran, lauert ihm auf oder verfolgt es mit hoher Geschwindigkeit. Man hat Servals beobachtet, die 3 m hoch in die Luft sprangen, um tieffliegende Vögel zu erwischen. Beim Sprint dienen ihm seine scharfen Krallen als „Spikes".

Bein der Schnee-Eule

Schneeule

DIE EULE JAGT
Die Schnee-Eule hat starke Beine und scharfe Krallen. Lautlos schießt sie herab, packt einen Lemming, ein Kaninchen, eine Maus und fliegt damit zu ihrem Sitzplatz. Die Krallen halten die Beute fest, während der Schnabel Fleischstücke herausreißt.

Frosch

Hinterbein eines Frosches

GESTRECKTE BEINE
Oberschenkel, Unterschenkel und Fuß des Frosches sind nahezu gleich lang. Wenn er springt, strecken sich in schneller Folge alle Teile des Beines, was dem Tier die enorme Sprungkraft verleiht. Beim Schwimmen werden die Schwimmhäute gespannt und somit die Schubkraft erhöht.

Hinterbein eines Gibbons

Gibbon

GREIFFÜSSE
Der Fuß des Gibbon hat lange Zehen. Der große Zeh kann den anderen gegenübergestellt werden, ähnlich wie beim Menschen der Daumen. So kann der Gibbon auch mit den Füßen greifen.

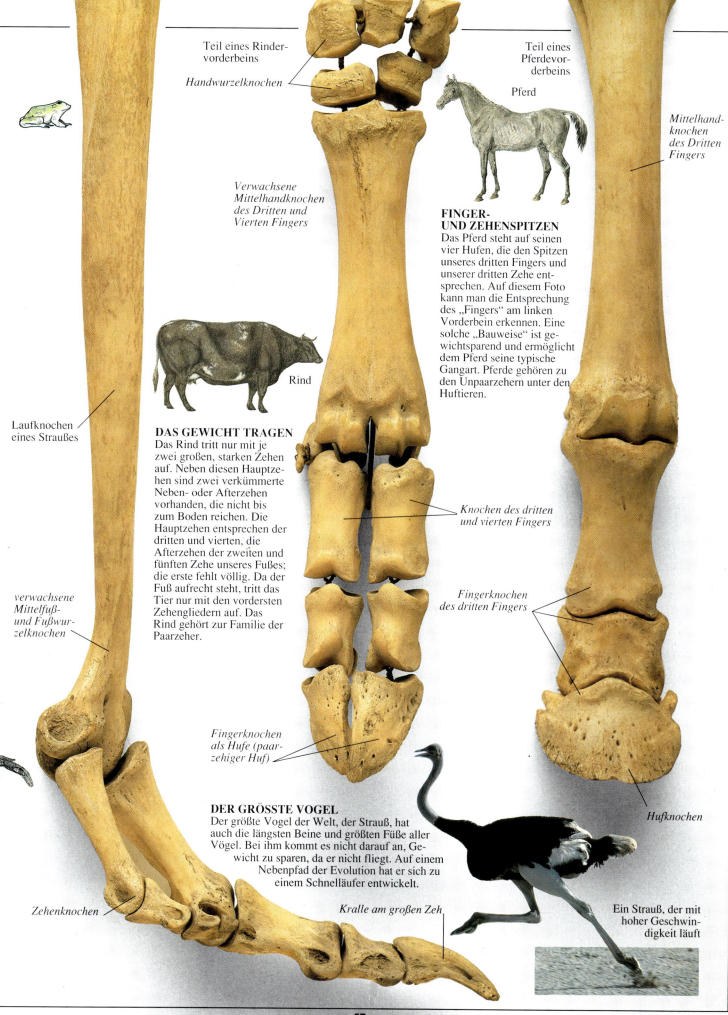

Teil eines Rindervorderbeins

Handwurzelknochen

Teil eines Pferdevorderbeins

Pferd

Mittelhandknochen des Dritten Fingers

Verwachsene Mittelhandknochen des Dritten und Vierten Fingers

FINGER- UND ZEHENSPITZEN
Das Pferd steht auf seinen vier Hufen, die den Spitzen unseres dritten Fingers und unserer dritten Zehe entsprechen. Auf diesem Foto kann man die Entsprechung des „Fingers" am linken Vorderbein erkennen. Eine solche „Bauweise" ist gewichtsparend und ermöglicht dem Pferd seine typische Gangart. Pferde gehören zu den Unpaarzehern unter den Huftieren.

Rind

Laufknochen eines Straußes

DAS GEWICHT TRAGEN
Das Rind tritt nur mit je zwei großen, starken Zehen auf. Neben diesen Hauptzehen sind zwei verkümmerte Neben- oder Afterzehen vorhanden, die nicht bis zum Boden reichen. Die Hauptzehen entsprechen der dritten und vierten, die Afterzehen der zweiten und fünften Zehe unseres Fußes; die erste fehlt völlig. Da der Fuß aufrecht steht, tritt das Tier nur mit den vordersten Zehengliedern auf. Das Rind gehört zur Familie der Paarzeher.

Knochen des dritten und vierten Fingers

Fingerknochen des dritten Fingers

verwachsene Mittelfuß- und Fußwurzelknochen

Fingerknochen als Hufe (paarzehiger Huf)

Hufknochen

DER GRÖSSTE VOGEL
Der größte Vogel der Welt, der Strauß, hat auch die längsten Beine und größten Füße aller Vögel. Bei ihm kommt es nicht darauf an, Gewicht zu sparen, da er nicht fliegt. Auf einem Nebenpfad der Evolution hat er sich zu einem Schnellläufer entwickelt.

Zehenknochen

Kralle am großen Zeh

Ein Strauß, der mit hoher Geschwindigkeit läuft

Die größten und die kleinsten

Wie andere Körperteile weisen auch die Knochen des Menschen von Person zu Person Unterschiede in Größe und Form auf. Große Leute haben längere, kleine Leute kürzere Knochen, besonders in den Beinen. Meistens sind diese Unterschiede unwesentlich. Nur gelegentlich wird durch Erkrankung oder Vererbung das Knochenwachstum in der Kindheit oder sogar im Mutterleib über das normale Maß hinaus beeinflußt, was zu Abnormitäten führt.

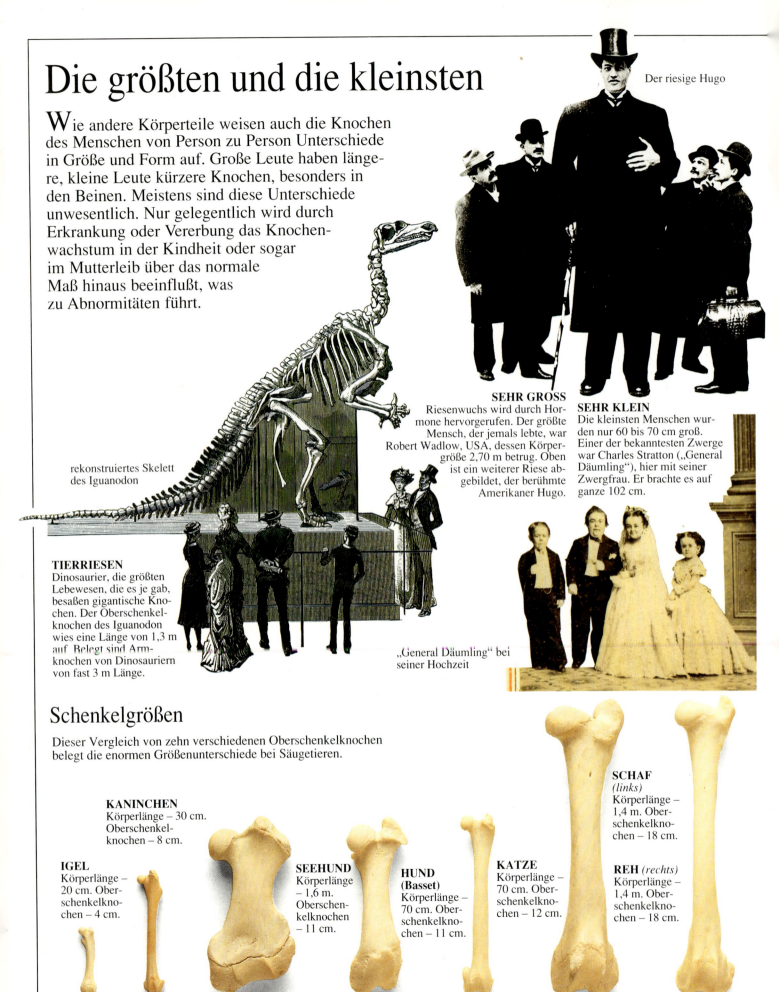

Der riesige Hugo

rekonstruiertes Skelett des Iguanodon

SEHR GROSS
Riesenwuchs wird durch Hormone hervorgerufen. Der größte Mensch, der jemals lebte, war Robert Wadlow, USA, dessen Körpergröße 2,70 m betrug. Oben ist ein weiterer Riese abgebildet, der berühmte Amerikaner Hugo.

SEHR KLEIN
Die kleinsten Menschen wurden nur 60 bis 70 cm groß. Einer der bekanntesten Zwerge war Charles Stratton („General Däumling"), hier mit seiner Zwergfrau. Er brachte es auf ganze 102 cm.

„General Däumling" bei seiner Hochzeit

TIERRIESEN
Dinosaurier, die größten Lebewesen, die es je gab, besaßen gigantische Knochen. Der Oberschenkelknochen des Iguanodon wies eine Länge von 1,3 m auf. Belegt sind Armknochen von Dinosauriern von fast 3 m Länge.

Schenkelgrößen

Dieser Vergleich von zehn verschiedenen Oberschenkelknochen belegt die enormen Größenunterschiede bei Säugetieren.

IGEL
Körperlänge – 20 cm. Oberschenkelknochen – 4 cm.

KANINCHEN
Körperlänge – 30 cm. Oberschenkelknochen – 8 cm.

SEEHUND
Körperlänge – 1,6 m. Oberschenkelknochen – 11 cm.

HUND (Basset)
Körperlänge – 70 cm. Oberschenkelknochen – 11 cm.

KATZE
Körperlänge – 70 cm. Oberschenkelknochen – 12 cm.

SCHAF (links)
Körperlänge – 1,4 m. Oberschenkelknochen – 18 cm.

REH (rechts)
Körperlänge – 1,4 m. Oberschenkelknochen – 18 cm.

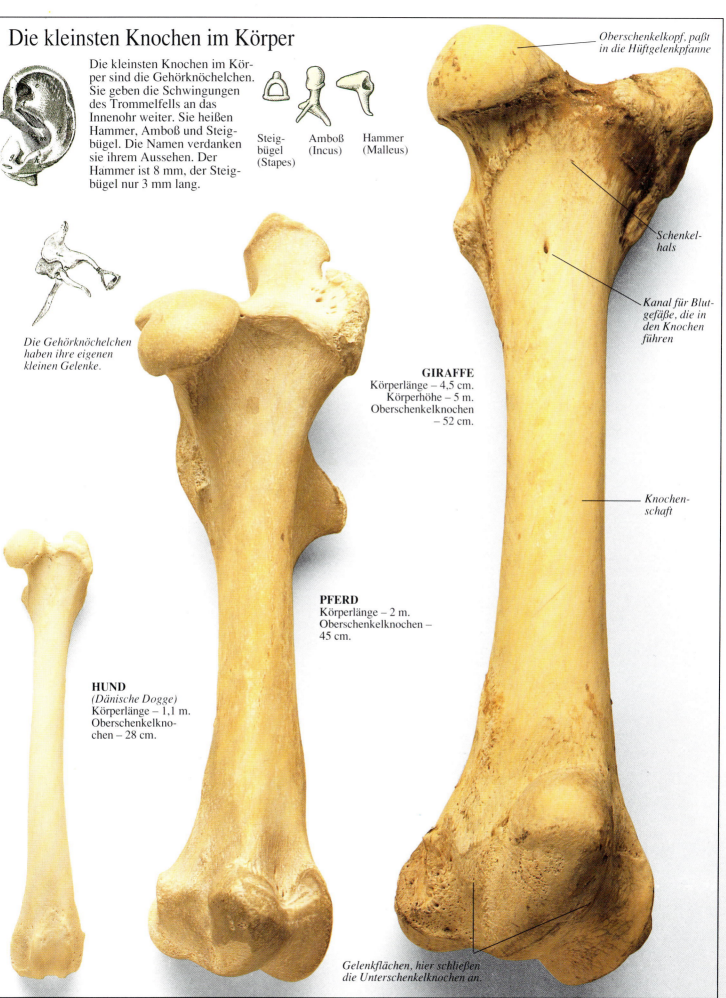

Die kleinsten Knochen im Körper

Die kleinsten Knochen im Körper sind die Gehörknöchelchen. Sie geben die Schwingungen des Trommelfells an das Innenohr weiter. Sie heißen Hammer, Amboß und Steigbügel. Die Namen verdanken sie ihrem Aussehen. Der Hammer ist 8 mm, der Steigbügel nur 3 mm lang.

Steigbügel (Stapes) Amboß (Incus) Hammer (Malleus)

Die Gehörknöchelchen haben ihre eigenen kleinen Gelenke.

GIRAFFE
Körperlänge – 4,5 cm.
Körperhöhe – 5 m.
Oberschenkelknochen – 52 cm.

PFERD
Körperlänge – 2 m.
Oberschenkelknochen – 45 cm.

HUND
(Dänische Dogge)
Körperlänge – 1,1 m.
Oberschenkelknochen – 28 cm.

Oberschenkelkopf, paßt in die Hüftgelenkpfanne

Schenkelhals

Kanal für Blutgefäße, die in den Knochen führen

Knochenschaft

Gelenkflächen, hier schließen die Unterschenkelknochen an.

Der Knochen lebt

Der lebende Knochen ist weder bleich, noch trocken, noch spröde, wie wir ihn vielleicht aus der Museumsvitrine kennen, sondern ein höchst aktives Gewebe, das zu einem Drittel aus Wasser besteht, von Blutgefäßen durchdrungen ist, mit Sauerstoff und anderen Nährstoffen versorgt wird, und auch verbrauchte Bestandteile abstoßen kann, sobald sie nicht mehr vonnöten sind. Knochen haben Nerven, sie sind druck- und schmerzempfindlich. Sie speichern Mineralstoffe und geben sie ab, sobald an anderer Stelle des Körpers ein Mangel herrscht. Das Knochengewebe besteht aus unterschiedlichen Zellarten. *Osteoblasten* bilden neue Knochen, indem sie das Protein Collagen durch Mineralstoffe härten. *Osteocyten* versorgen den Knochen, indem sie Mineralien passieren lassen und für einen Austausch zwischen Blut und Knochen sorgen. *Osteoclasten* zerstören die Knochensubstanz und lassen die Mineralstoffe ins Blut übergehen. Während des ganzen Lebens verändern sich Knochen. Sie regenerieren auch, wenn sie gebrochen sind.

ISOTOP-RASTER
Radioaktive Isotope lagern sich in Knochen ab. Diese Graphik macht ihre Verteilung sichtbar.

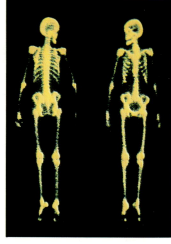

KNOCHENAUFNAHMEN
Neben dem Röntgenbild gibt es andere Möglichkeiten, den lebenden Knochen zu betrachten. Zum Beispiel mit Hilfe des Szintigramms. Dabei werden radioaktive Isotope in den Knochen gespritzt und sichtbar gemacht.

Im Knocheninneren

Die Knochen sind ein lebendiges Beispiel für eine optimale Bauweise. Sie haben eine harte äußere „Schale", über ihr liegt eine dünne Knochenhaut (*Periost*), die den Knochen ernährt und Verbindung hält zu Sehnen, Bändern und anderen Bestandteilen des Körpers. Im Innern des Knochens befindet sich ein leichtes, schwammiges Gitterwerk, das das Knochenmark enthält.

schwammartiger Knochen

VERSTÄRKUNGSBÖGEN
Die Bögen geben dem Eifelturm seine Stabilität. Das Innere des Oberschenkelknochens wird auf ähnliche Weise stabilisiert.

fester Knochen

RÖHRENFÖRMIG (links)
Das äußere Knochenmaterial bildet eine feste Röhre, die das schwammartige Innere umgibt.

Schwammartiger Knochen, enthält rotes Knochenmark.

fester Knochen

oberer Teil des Brustbeins (Sternum)

schwammartiger Knochen

Oberschenkelkopf

unterer Teil des Brustbeins (Sternum)

DIE STÄRKE DES KNOCHENS (links)
Die feste Außenschicht ist am Schaft dicker, um Bewegungen und Drehungen zu widerstehen.

BLUT-PRODUKTION
Im Innern des Brustbeines befindet sich rotes Knochenmark, das rote Blutkörperchen erzeugt (rechts).

Dicke, massive Knochenschicht zur Stabilisierung

UNTER DEM MIKROSKOP
Der schwammartige Knochen besteht aus einem Maschenwerk von Stäbchen, die knochenbildendes Material enthalten. Zwischen den Stäbchen befindet sich Knochenmark.

BIEGSAME KNOCHEN
Knochen besteht aus dem biegsamen Kollagen und Mineralstoffen wie Kalzium und Phosphor. Löst man die härtenden Mineralstoffe auf, indem man z.B. den Knochen eine Woche in Säure legt, bleibt nur das Kollagen, das so weich ist, daß man es knoten kann.

Heilung von Brüchen

Weil der Knochen aus lebendigem Gewebe besteht, kann er sich nach Verletzung oder Bruch erneuern. Die Lücke wird zunächst durch ein faseriges Gewebe gefüllt, man nennt eine solche Knochennarbe Kallus. In den Kallus wandern knochenbildende Zellen (*Osteoblasten*) hinein und härten ihn. Andere Zellen beseitigen die Kanten und Unebenheiten, so daß schließlich die ursprüngliche Knochenform erreicht wird.

BELASTUNG FÖRDERT HEILUNG
Ein Hund brach sich eins der Vorderbeine. Die Speiche, stark belastet, heilte bald; die Elle, kaum belastet, ist nie richtig zusammengewachsen.

nicht verheilter Bruch der Elle

verheilter Bruch der Speiche

GEHEILT
Ein gebrochener Oberarmknochen. Seine Heilung dauerte mehrere Monate.

MIT SCHIENE UND SCHRAUBE
Manchmal ist eine mechanische Unterstützung des Heilungsprozesses unerläßlich, weil die Knochenteile gestützt und fixiert werden müssen. Außer äußeren sind heute auch „innere Schienen" üblich.

Schiene und Schrauben im gebrochenen Oberschenkelknochen eines Hundes

Lücke, wird durch Fasergewebe geschlossen

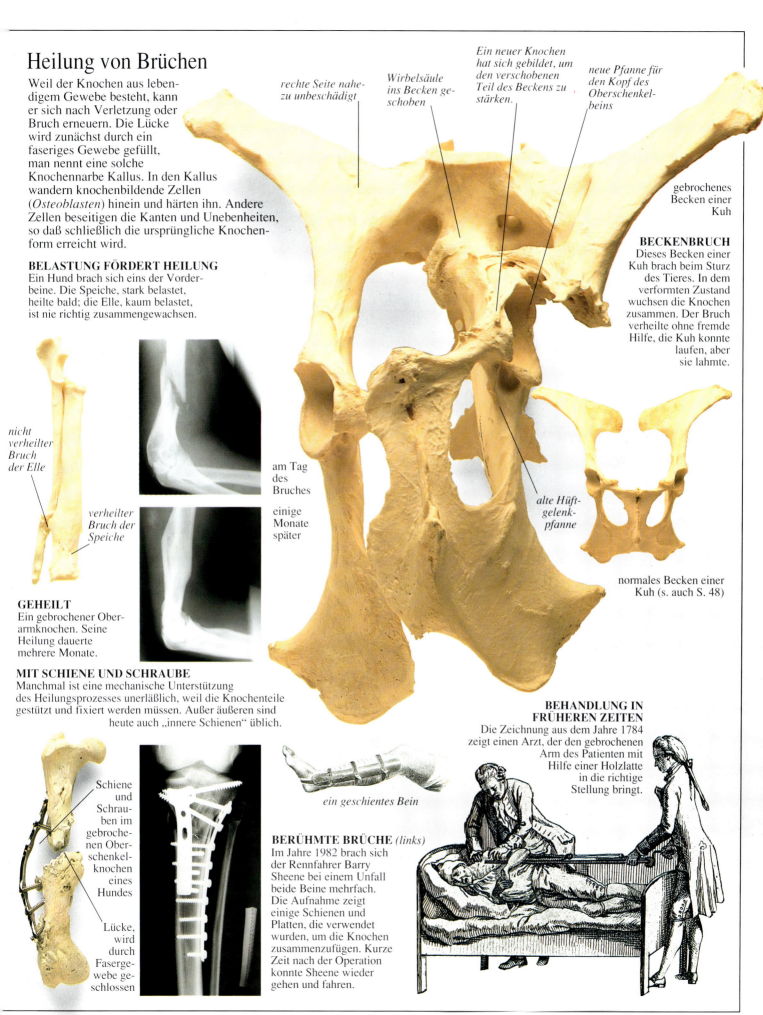

rechte Seite nahezu unbeschädigt

Wirbelsäule ins Becken geschoben

Ein neuer Knochen hat sich gebildet, um den verschobenen Teil des Beckens zu stärken.

neue Pfanne für den Kopf des Oberschenkelbeins

gebrochenes Becken einer Kuh

BECKENBRUCH
Dieses Becken einer Kuh brach beim Sturz des Tieres. In dem verformten Zustand wuchsen die Knochen zusammen. Der Bruch verheilte ohne fremde Hilfe, die Kuh konnte laufen, aber sie lahmte.

am Tag des Bruches

einige Monate später

alte Hüftgelenkpfanne

normales Becken einer Kuh (s. auch S. 48)

ein geschientes Bein

BERÜHMTE BRÜCHE (links)
Im Jahre 1982 brach sich der Rennfahrer Barry Sheene bei einem Unfall beide Beine mehrfach. Die Aufnahme zeigt einige Schienen und Platten, die verwendet wurden, um die Knochen zusammenzufügen. Kurze Zeit nach der Operation konnte Sheene wieder gehen und fahren.

BEHANDLUNG IN FRÜHEREN ZEITEN
Die Zeichnung aus dem Jahre 1784 zeigt einen Arzt, der den gebrochenen Arm des Patienten mit Hilfe einer Holzlatte in die richtige Stellung bringt.

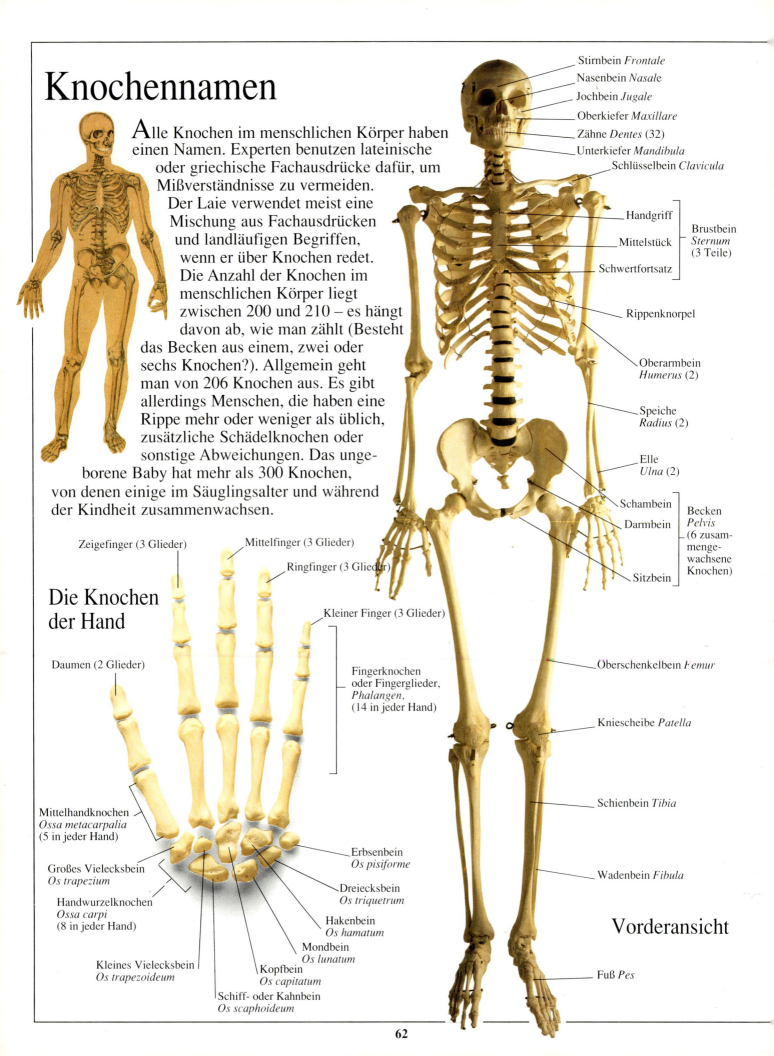

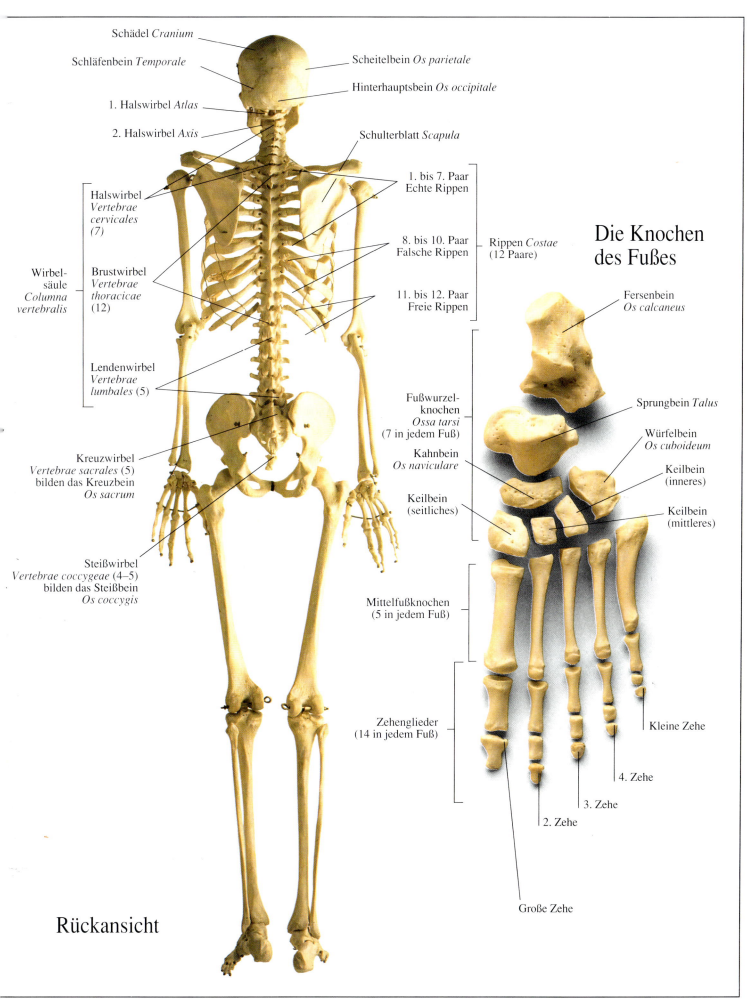

Bildnachweis

o = oben, u = unten, m = mitte,
l = links, r = rechts

Des und Jean Bartlett/Bruce Coleman Ltd.: 51ol
Des und Jean Bartlett/Survival Anglia: 57u
Erwin und Peggy Bauer/Bruce Coleman Ltd.: 47u
BPCC/Aldus Archive: 9u, 10o, mr, ur, 11o, 29u
Bridgeman Art Library: 8m, 9ml, 10ml, 11ml
Jane Burton/Bruce Coleman Ltd.: 33m
A. Campbell/NHPA: 34u
CNRI/Science Photo Library: 26m, 49or, 55ur, 60ol
Bruce Coleman Ltd.: 51ur
A. Davies/NHPA: 34o
Elsdint/Science Photo Library: 60ol
Francisco Eriza/Bruce Coleman Ltd.: 50u
Jeff Foot/Survival Anglia: 50mr, 42m, 48m, 54m
John Freeman, London: 6ul, 7o
Tom und Pam Gardener/Frank Lane Picture Agency: 33o
P. Goycolea/Alan Hutchison Library: 11ul
Sonia Halliday Photographs: 43u
E. Hanumantha Rao/NHPA: 53u
Julian Hector/Planet Earth Pictures: 50o
T. Henshaw/Daily Telegraph Colour Library: 54ur
Michael Holford: 9o, 1mr, 36o
Eric Hosking: 33ur, 51ul, 52or, 56m
F. Jack Jackson/Planet Earth Pictures 41
Antony Joyce/Planet Earth Pictures: 33ur
Gordon Langsbury/Bruce Coleman Ltd.: 32or
Michael Leach/NHPA: 56o
Lacz Lemoine/NHPA: 32mr
Mansell Collection: 6m, 7m, 15o, 36m, 43o, 56mr, 58o, 61ur
Marineland/Frank Lane Picture Agency: 51m
Mary Evans Picture Library: 60l, ur, 7u, 8o, u, 9mr, 10ul, 11ur, 13ur, 14l, r, 16ml, 26o, 45ur, 58ml, mr, 62ol
Frieder Michler/Science Photo Library: 60m
Geoff Moon/Frank Lane Picture Agency: 32ur
Alfred Pasieka/Bruce Coleman Ltd.: 22o
Philip Perry/Frank Lane Picture Agency: 35o
Dieter und Mary Plage/Bruce Coleman Ltd.: 40u
Hans Reinhard/Bruce Coleman Ltd.: 32ul, 46ul
Leonard Lee Rue/Bruce Coleman Ltd.: 32ml, 52ml
Keith Scholey/Planet Earth Pictures: 50ml
Jonathan Scott/Planet Earth Pictures: 37ul
Silvestris/Frank Lane Pictures 37ul
Syndication International: 61ul
Terry Whittaker/Frank Lane Picture Agency: 52ul
ZEFA: 37o, 39or, 60u
Günther Ziesler/Bruce Coleman Ltd.: 37ur
Illustrationen von Will Giles: 12u, 13o, m, 27l, r, 28u, 29o, 24ul, m, 35ol, ur, 37m, 38u, 39l, 42u, 44ul, um, ur, 45ul, um, 46ml, mr, u, 47ml, mr, ul, ur, 48ml, 49m, 51or, 52m, u, 53o, ml, mr, 54um, 55m, 56o, 59om

Bildrecherchen: Millie Trowbridge

Sehen · Staunen · Wissen
Die Bildsachbücher der neuen Generation

Bereits erschienen sind:

WAFFEN & RÜSTUNGEN · GESTEINE & MINERALIEN
VÖGEL · SKELETTE

Demnächst erscheinen:

BÄUME · SCHMETTERLINGE · SPORT · SÄUGETIERE
MUSCHELN & SCHNECKEN · MUSIKINSTRUMENTE
KULTURGESCHICHTE DES MENSCHEN · FLÜSSE & TEICHE

bei Gerstenberg

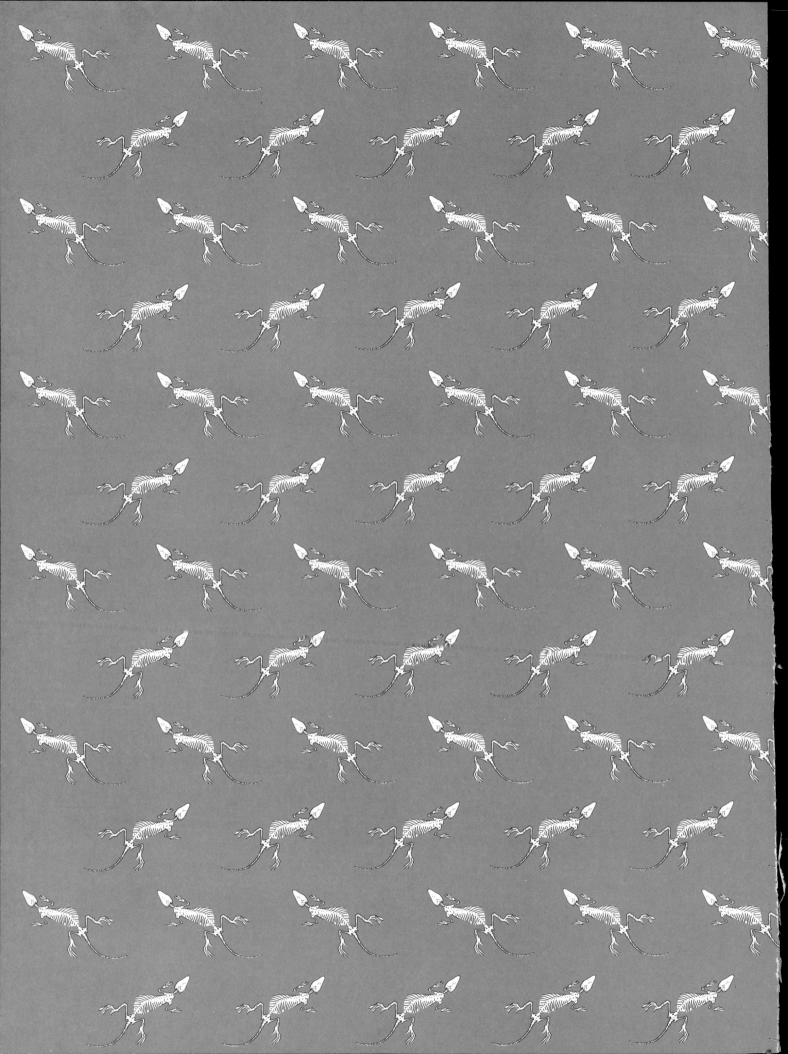